Highly Recommended

For **2026** Exam

OSWAAL BOOKS®

LEARNING MADE SIMPLE

CBSE

10 SAMPLE QUESTION PAPERS

Questions on Real-World Scenarios & Practical Problem Solving

संस्कृत

[शेमुषी + व्याकरणवीथिः]

CLASS 10

650+ Questions for Practice

250+ Subjective + Objective Questions

Ayush Kumar

Master Sahab

1st EDITION YEAR 2025-26

ISBN "9789373011837"

SYLLABUS COVERED

Central Board
of Secondary Education
Delhi

Head Office
Oswaal House
1/11, Sahitya Kunj, M.G. Road
Agra-282002 (U.P.), India

R&D Office
1010, Cambourne Business Centre
Cambridge, Cambridgeshire
CB 236DP, United Kingdom

+91-562-2857671

contact@oswaalbooks.com

Curated by

Oswaal Editorial Board

PUBLISHED BY

OSWAAL BOOKS & LEARNING PVT. LTD.

Printed at Repro India Ltd.

Contents

- Latest CBSE Circulars released on 30th July 2025 (Cir. No.-CBSE/Academic/Dir./2025) 4
- Latest CBSE Syllabus released on 28th March 2025 for Academic Year 2025-2026 (CBSE Cir. No. Acad-14/2025) 5
- Trend Analysis 12
- Predictive Analysis 14

- **प्रतिदर्श प्रश्न पत्र (हल सहित)**
  - प्रतिदर्श प्रश्न-पत्र 1 1
  - प्रतिदर्श प्रश्न-पत्र 2 7
  - प्रतिदर्श प्रश्न-पत्र 3 13
  - प्रतिदर्श प्रश्न-पत्र 4 19
  - प्रतिदर्श प्रश्न-पत्र 5 25
  - प्रतिदर्श प्रश्न-पत्र 6 31
  - प्रतिदर्श प्रश्न-पत्र 7 38
  - प्रतिदर्श प्रश्न-पत्र 8 45
  - प्रतिदर्श प्रश्न-पत्र 9 52
  - प्रतिदर्श प्रश्न-पत्र 10 59
- **प्रतिदर्श प्रश्न-पत्रों के हल**
  - प्रतिदर्श प्रश्न-पत्र 1 66
  - प्रतिदर्श प्रश्न-पत्र 2 69
  - प्रतिदर्श प्रश्न-पत्र 3 72
  - प्रतिदर्श प्रश्न-पत्र 4 75
  - प्रतिदर्श प्रश्न-पत्र 5 78
  - प्रतिदर्श प्रश्न-पत्र 6 81
  - प्रतिदर्श प्रश्न-पत्र 7 84
  - प्रतिदर्श प्रश्न-पत्र 8 87
  - प्रतिदर्श प्रश्न-पत्र 9 90
  - प्रतिदर्श प्रश्न-पत्र 10 93

Circular 2025-26

केन्द्रीय माध्यमिक शिक्षा बोर्ड
(शिक्षा मंत्रालय भारत सरकार के अधीन एक स्वायत्त संगठन)
CENTRAL BOARD OF SECONDARY EDUCATION
(An Autonomous Organisation Under the Ministry of Education, Govt. of India)

No.: CBSE/Academic/Dir./ 2025 **Date: 30th July, 2025**

Notification

Subject : Sample Question Papers for Classes X & XII for the current Academic Session 2025-26 – reg.

The Board issues Sample Question Papers (SQPs) and Marking Schemes (MS) for classes X and XII to provide a broad template and serve as a guide for ensuring uniformity and proper coverage of the curricula. Further, SQPs give a broad understanding about the question paper design and need to be used for classroom teaching and learning activities with an overall focus on promoting the application of concepts in real-life.

There is no change in the assessment scheme in 2025-26. The assessment scheme is the same as in the academic session 2024-25.

The Sample Question Papers for classes X and XII for the academic session 2025-26 are now available at the following links:

Class X - https://cbseacademic.nic.in/SQP_CLASSX_2025-26.html
Class XII - https://cbseacademic.nic.in/SQP_CLASSXII_2025-26.html

Query/feedback, if any, can be sent to cbsesqp@cbseshiksha.in

(Dr. Praggya M. Singh)
Director (Academics)

'एकीकृत कार्यालय परिसर, सेक्टर - 23, द्वारका, नई दिल्ली - 110077'
'Integrated Office Complex, Sector - 23, Dwarka, New Delhi - 110077'
फोन/Telephone: 011-24050612 वेबसाइट/Website:http://cbseacademic.nic.in ई-मेल/e-mail: directoracad.cbse@nic.in

पाठ्यक्रम 2025-26

नवीनतम पाठ्यक्रम
(बोर्ड द्वारा दिनांक 28 मार्च 2025 में प्रेषित)

संस्कृतम् (कोड संख्या 122)
कक्षा-दशमी

वार्षिकमूल्याङ्कनाय निर्मिते प्रश्नपत्रे चत्वारः भविष्यन्ति -

'क' खण्डः अपठित — अवबोधनम्	**10 अङ्काः**
'ख' खण्डः रचनात्मक — कार्यम्	**15 अङ्काः**
'ग' खण्डः अनुप्रयुक्त — व्याकरणम्	**25 अङ्काः**
'घ' खण्डः पठित — अवबोधनम्	**30 अङ्काः**

खण्डानुसारं विषयाः मूल्यभारः च -

क्र. सं.	विषयाः	प्रश्नप्रकाराः	मूल्यभारः
		'क' खण्डः अपठितावबोधनम् 10 अङ्काः	
1.	एकः गद्यांशः	अति-लघुत्तरात्मकौ	$2 \times 1 = 2$
	80-100 शब्दपरिमितः	पूर्णवाक्यात्मकौ	$2 \times 2 = 4$
		शीर्षकम् (लघूत्तरात्मकः)	$1 \times 1 = 1$
		भाषिककार्यम् (बहुविकल्पात्मकाः)	$3 \times 1 = 3$
		सम्पूर्णभारः	**10 अङ्काः**
		'ख' खण्डः रचनात्मककार्यम् 15 अङ्काः	
2.	औपचारिकम् अथवा अनौपचारिकं पत्रम्	निबन्धात्मकः	5
	(मञ्जूषायाः सहायतया पूर्णं पत्रं लेखनीयम्)		
3.	चित्रवर्णनम् अथवा अनुच्छेदलेखनम्	निबन्धात्मकः	5
4.	हिन्दी/आङ्ग्लभाषातः संस्कृतेन अनुवादः	पूर्णवाक्यात्मकः	$5 \times 1 = 5$
		सम्पूर्णभारः	**15 अङ्काः**
		'ग' खण्डः अनुप्रयुक्तव्याकरणम् 25 अङ्काः	
5.	सन्धिः	लघूत्तरात्मकाः	$4 \times 1 = 4$
6.	समासः	बहुविकल्पात्मकाः	$4 \times 1 = 4$
7.	प्रत्ययाः	बहुविकल्पात्मकाः	$4 \times 1 = 4$
8.	वाच्यप्रकरणम्	बहुविकल्पात्मकाः	$3 \times 1 = 3$
9.	समयः	लघूत्तरात्मकाः	$4 \times 1 = 4$
10.	अव्ययपदानि	बहुविकल्पात्मकाः	$3 \times 1 = 3$
11.	संशोधनकार्यम्	बहुविकल्पात्मकाः	$3 \times 1 = 3$
		सम्पूर्णभारः	**25 अङ्काः**

क्रमशः

'घ' खण्डः पठितावबोधनम् 30 अङ्काः			
12.	गद्यांशः	अति-लघूत्तरात्मकौ	2 × ½ = 1
		पूर्णवाक्यात्मकौ	2 × 1 = 2
		लघूत्तरात्मकौ (भाषिककार्यम्)	2 × 1 = 2
13.	पद्यांशः	अति-लघूत्तरात्मकौ	2 × ½ = 1
		पूर्णवाक्यात्मकः	2 × 1 = 2
		लघूत्तरात्मकौ (भाषिककार्यम्)	2 × 1 = 2
14.	नाटयांशः	अति-लघूत्तरात्मकौ	2 × ½ = 1
		पूर्णवाक्यात्मकौ	2 × 1 = 2
		लघूत्तरात्मकौ (भाषिककार्यम्)	2 × 1 = 2
15.	प्रश्ननिर्माणम्	पूर्णवाक्यात्मकाः	4 × 1 = 4
16.	अन्वयः अथवा भावार्थः	पूर्णवाक्यात्मकाः	4 × 1 = 4
17.	घटनाक्रमानुसारं वाक्यलेखनम्	पूर्णवाक्यात्मकाः	8 × ½ = 4
18.	प्रसङ्गानुकूलम् अर्थचयनम्	लघूत्तरात्मकाः	3 × 1 = 3
		पूर्णभारः	**30 अङ्काः**

सम्पूर्णभारः — 80 अङ्काः

प्रश्नपत्र-प्रारूपम्/संरचना
कक्षा — दशमी
संस्कृतम् कोड् सङ्ख्या - 122

प्रश्नप्रकारः	प्रश्नानां सङ्ख्या	विभाग-सङ्ख्या	प्रतिप्रश्नम् अङ्कभारः	आहत्याङ्काः
अति-लघूत्तरात्मकाः ½ अङ्कः	2 + 2 + 2 = 6	3	½	3
अति-लघूत्तरात्मकाः 1 अङ्कः	2 = 2	1	1	2
बहुविकल्पात्मकाः 1 अङ्कः	3 + 4 + 4 + 3 + 3 = 17	5	1	17
लघूत्तरात्मकाः 1 अङ्कः	2 + 2 + 2 + 1 + 4 + 4 + 3 + 3 = 21	8	1	21
दीर्घोत्तरात्मकाः ½ अङ्कः	10 + 8 = 18	2	½	9
दीर्घोत्तरात्मकाः 1 अङ्कः	5 + 5 + 2 + 2 + 2 + 4 + 4 = 24	7	1	24
दीर्घोत्तरात्मकाः 2 अङ्कौ	2 = 2	1	2	4
			आहत्याङ्काः	**80**

संस्कृतपाठ्यक्रमः (कोड नं. 122)

कक्षा — दशमी

वार्षिकं मूल्याङ्कनम् **80 अङ्काः**

<table>
<tr><td colspan="3">'क' भागः
अपठितावबोधनम् (10 अङ्काः)</td></tr>
<tr><td>1. एक अपठितः गद्यांशः
80-100 शब्दपरिमितः गद्यांश, सरलकथा, वर्णनं वा
➢ एकपदेन पूर्णवाक्येन च अवबोधनात्मकं कार्यम्
➢ शीर्षकलेखनम्
➢ अनुच्छेद – आधारितं भाषिकं कार्यम्
भाषिककार्याय तत्त्वानि-
✓ वाक्ये कर्तृ – क्रियापदचयनम्
✓ कर्तृ-क्रिया– अन्वितिः
✓ विशेषण – विशेष्यचयनम्
✓ पर्याय – विलोमपदचयनम्
✓ सर्वनामस्थाने संज्ञाप्रयोगः</td><td>2 + 4 + 1

3</td><td>10</td></tr>
<tr><td colspan="3">'ख' भागः
रचनात्मकं कार्यम् (15 अङ्काः)</td></tr>
<tr><td>2. औपचारिकम् अथवा अनौपचारिकं पूर्णपत्रलेखनम् सम्भावितविषयाः—
➢ औपचारिकम्-
संस्कृतभाषा-संवर्धनाय, शिक्षामन्त्रालयाय, नाम संशोधनाय नगरनिगमाय, धनादेश-अप्राप्तेः सूचनायै पत्रालयविभागाय, शुल्कनिवारणार्थं प्रधानाचार्याय, प्रकाशकाय इत्यादयः।
➢ अनौपचारिकम्-
कुशलक्षेमपत्रम्, वर्धापनपत्रम्, निमन्त्रणपत्रम्, परिणामसूचनापत्रम्, विद्यालयवर्णनम् इत्यादयः।</td><td></td><td>5</td></tr>
<tr><td>3. चित्राधारितं वर्णनम् अथवा अनुच्छेदलेखनम्—</td><td></td><td>5</td></tr>
<tr><td>4. हिन्दीभाषायाम् आङ्ग्लभाषायां वा लिखितानां पञ्चसरलवाक्यानां संस्कृतभाषायाम् अनुवादः</td><td></td><td>5</td></tr>
<tr><td colspan="3">'ग' भागः
अनुप्रयुक्त-व्याकरणम् (25 अङ्काः)</td></tr>
<tr><td>5. सन्धिकार्यम्
➢ स्वरसन्धिः - यण्, अयादि, पूर्वरूपसन्धिः
➢ व्यञ्जनसन्धिः - वर्गीयप्रथमवर्णस्य तृतीयवर्णे परिवर्तनम्, प्रथमवर्णस्य पञ्चवर्णे परिवर्तनम्
➢ विसर्गसन्धिः - विसर्गस्य उत्वम्, रत्वम्, विसर्गलोपः, विसर्गस्य स्थाने स्, श्, ष्</td><td>(1 + 1 + 2)</td><td>4</td></tr>
<tr><td>6. समासः - वाक्येषु समस्तपदानां विग्रहः विग्रहपदानां च समासः
➢ तत्पुरुषः - (विभक्ति - तत्पुरुषः, उपपद-तत्पुरुषः, कर्मधारयः)
➢ बहुव्रीहिः</td><td>(1+1+1+1)</td><td>4</td></tr>
</table>

क्रमशः

➢ अव्ययीभावः (अनु, उप, सह, निर्, प्रति, यथा) ➢ द्वन्द्वः		
7. प्रत्ययाः ➢ कृत्प्रत्ययाः - तव्यत्, अनीयर्, क्त, क्तवतु ➢ तद्धिताः - मतुप्, ठक्, त्व, तल् ➢ स्त्रीप्रत्ययौ - टाप्, ङीप्	(1+ 2 + 1)	4
8. वाच्यपरिवर्तनम् - केवलं लट्लकारे (कर्तृ-कर्म-क्रिया)		3
9. समयः - अङ्कानां स्थाने शब्देषु समयलेखनम् (सामान्य – सपाद – सार्ध – पादोन)		4
10. अव्ययपदानि उच्चैः, च, श्वः, ह्य, अद्य, अत्र-तत्र, यत्र-कुत्र, इदानीम्, (अधुना, सम्प्रति, साम्प्रतम्) यदा, तदा, कदा, सहसा, वृथा, शनैः, अपि, कुतः, इतस्ततः, यदि-तर्हि, यावत्-तावत्		3
11. अशुद्धि-संशोधनम् (वचन-लिङ्ग-पुरुष-लकार-विभक्तिदृष्ट्या संशोधनम्)		3
'घ' भागः **पठितावबोधनम्**		**(30 अङ्काः)**
12. गद्यांशम् अधिकृत्य अवबोधनात्मकं कार्यम् प्रश्नप्रकाराः - एकपदेन पूर्णवाक्येन च प्रश्नोत्तराणि। भाषिककार्यम्– ➢ वाक्ये कर्तृ – क्रियापदचयनम् ➢ विशेषण – विशेष्यचयनम् ➢ पर्याय – विलोमपदचयनम् ➢ सर्वनामस्थाने संज्ञाप्रयोगः		5
13. पद्यांशम् अधिकृत्य अवबोधनात्मकं कार्यम् प्रश्नप्रकाराः-एकपदेन पूर्णवाक्येन च प्रश्नोत्तराणि। भाषिककार्यम्– ➢ वाक्ये कर्तृ – क्रियापदचयनम् ➢ विशेषण – विशेष्यचयनम् ➢ पर्याय – विलोमपदचयनम् ➢ सर्वनामस्थाने संज्ञाप्रयोगः		5
14. नाट्यांशम् अधिकृत्य अवबोधनात्मकं कार्यम् प्रश्नप्रकाराः-एकपदेन पूर्णवाक्येन च प्रश्नोत्तराणि। भाषिककार्यम् - ➢ वाक्ये कर्तृ – क्रियापदचयनम् ➢ विशेषण – विशेष्यचयनम् ➢ पर्याय – विलोमपदचयनम् ➢ सर्वनामस्थाने संज्ञाप्रयोगः		5

क्रमशः

15. वाक्येषु रेखाङ्कितपदानि अधिकृत्य चतुर्णां प्रश्नानां निर्माणम् 16. श्लोकान्वयः/ एकस्य श्लोकस्य संस्कृतेन भावार्थलेखनम् 17. घटनाक्रमानुसारं कथालेखनम् 18. प्रसङ्गानुकूलम् अर्थलेखनम् (पाठान् आधृत्य लघूत्तरात्मकाः प्रश्नाः)		4 4 4 3

आहत्याङ्काः-80

परीक्षायै निर्धारिताः पाठाः

पाठसङ्ख्या	पाठनाम
प्रथमः पाठः	शुचिपर्यावरणम्
द्वितीयः पाठः	बुद्धिर्बलवती सदा
चतुर्थः पाठः	शिशुलालनम्
पञ्चमः पाठः	जननी तुल्यवत्सला
षष्ठः पाठः	सुभाषितानि
सप्तमः पाठः	सौहार्दं प्रकृतेः शोभा
अष्टमः पाठः	विचित्रः साक्षी
नवमः पाठः	सूक्तयः
द्वादशः पाठः	अन्योक्तयः

निर्धारित — पाठ्यपुस्तकानि—

1. **"शेमुषी' पाठ्यपुस्तकम् भाग-2"**, संशोधितसंस्करणम्
   (प्रकाशनम् — रा. शै. अनु. प्र. परि. द्वारा)
2. **"अभ्यासवान् भव'- द्वितीयो भागः"**— व्याकरणपुस्तकम्
   (प्रकाशनम् — रा. शै. अनु. प्र. परि. द्वारा)
3. **"व्याकरणवीथिः"**— व्याकरणपुस्तकम्
   (प्रकाशनम् — रा. शै. अनु. प्र. परि. द्वारा)

अवधेयम्—

* अनुप्रयुक्तव्याकरणस्य अंशानां चयनं यथासम्भवं 'शेमुषी-द्वितीयो भागः इति' पाठ्यपुस्तकात् करणीयम्। यदि ततः न सम्भवति तर्हि 'अभ्यासवान् भव-द्वितीयो भागः' इत्यस्मात् कर्तुं शक्यम्।

क्रमशः

नवमी/दशमी
आन्तरिक-मूल्याङ्कनम्

(20 अङ्काः)

उद्देश्यानि

- ❖ छात्राणां सृजनात्मकक्षमतायाः विकासः।
- ❖ श्रवण-भाषण-पठन-लेखनकौशलानां विकासः।
- ❖ चिन्तनक्षमतायाः आत्मविश्वासस्य च संवर्धनम्।

क्र. सं.	गतिविधयः	उदाहरणानि	अङ्काः	निर्देशाः	मूल्याङ्कनबिन्दवः
1.	**आवधिक-परीक्षाः (पीरियोडिक्-असैस्मैंट)**	लिखितपरीक्षा	05	विद्यालयेन समये समये लिखितपरीक्षाणाम् आयोजनं करणीयं भवति।	परीक्षासु यत्र विद्यार्थिनः श्रेष्ठाः अङ्काः स्युः तयोः द्वयोः परीक्षयोः एव अधिभारः ग्रहीतव्यः। अपि च आवधिकपरीक्षासु अपि प्रश्नेषु आन्तरिकविकल्पाः देयाः। मूल्याङ्कनसमये यदि छात्रः सर्वान् प्रश्नान् उत्तरति तर्हि छात्रहिताय यत्र अधिकाः अङ्काः सन्ति तेषाम् एव मूल्याङ्कनं करणीयम्।
2.	**बहुविधमूल्याङ्कनम्**	❖ कक्षायां पाठितस्य पाठस्य लघुमूल्याङ्कनम् ❖ निर्गतपत्राणि ❖ प्रश्नोत्तरी ❖ मौखिकी परीक्षा ❖ प्रतियोगिताः ❖ प्रश्नमञ्चस्या-योजनम्	05	कक्षायां पाठित-पाठस्य विषयस्य वा बहुविधं मूल्याङ्कनम् अपेक्षितम् अस्ति। अनेन विद्यार्थिनां विविधकौशलानां मूल्याङ्कनं भवेत्।	❖ मौलिकता ❖ विषयसम्बद्धता ❖ शुद्धता ❖ समयबद्धता ❖ प्रस्तुतीकरणम्
3.	**निवेशसूचिका (पोर्टफोलियो)**	❖ कक्षाकार्यम् ❖ सामूहिक-मूल्याङ्कनम् ❖ स्वमूल्याङ्कनम् ❖ विद्यार्थिनः विषयगताः उपलब्धयः	05	विद्यार्थिभिः कक्षायां कृतानां कार्याणाम् उपलब्धीनां च संरक्षणं संयोजनं च सचिञ्चकायां पत्रावल्यां वा करणीयम्। एतेन समग्रं मूल्याङ्कनं प्रमाणिकत्वेन भवितुं शन्कोति।	❖ सुलेखः ❖ तथ्यात्मकता ❖ प्रामाणिकता ❖ समयबद्धता

क्रमशः

4.	भाषा-संवर्धनाय गतिविधयः (क) श्रवण-भाषाण-कौशलम्	❖ कथा ❖ संवादः/वार्तालापः ❖ भाषणम् ❖ नाटकम् ❖ वार्ताः ❖ आशुभाषणम् ❖ संस्कृतगीतानि ❖ श्लोकोच्चारणम् ❖ प्रहेलिकाः	05	❖ छात्राः कामपि कथां श्रावयितुं शन्कुवन्ति। ❖ शिक्षकः कमपि विषयं सूचयित्वा परस्परं संवादं कारयितुं शन्कोति। ❖ दूरदर्शने वार्तावली इत्याख्यः संस्कृत-कार्यक्रमः प्रसारितः भवति तं द्रष्टुं छात्राः प्रेरणीयाः। ❖ श्रवण-कौशल-मूल्याङ्कनाय शिक्षकः स्वयम्अपि कथां श्रावयित्वा ततः सम्बद्ध-पश्नान्प्रष्टुं शन्कोति।	❖ उच्चारणम् ❖ शुद्धता ❖ समयबद्धता ❖ प्रस्तुतीकरणम् आरोहावरोह-गतियति- प्रयोगः
	(ख) लेखनकौशलनम्	❖ विविधविषयान् आधृत्य मौलिकलेखनम् यथा-देशः, माता, पिता, गुरुः, विद्या, पर्यावरणम्, योगः, समयस्य सदुपयोगः, शिक्षा, अनुशासनम् इत्यादयः। ❖ शैक्षिकभ्रमणस्य संस्कृतेन प्रतिवेदनलेखनम्। ❖ दैनन्दिनीलेखनम् ❖ सङ्केताधारितं कथालेखनम्। ❖ भित्तिपत्रिकायाः निर्माणम्। ❖ श्रुतलेखः ❖ सूक्तिलेखनम्		❖ छात्राः यथाशक्यं कक्षायामेव लेखनकार्यं कुर्युः। ❖ टिप्पणी -पुस्तिकायाः निर्माणम्। ❖ वैयक्तिकपरीक्षणम्।	❖ विषय-सम्बद्धता ❖ शुद्धता (विशेषतः पञ्चमवर्णस्यप्रयोगः) ❖ समयबद्धता ❖ सुलेख ❖ प्रस्तुतीकरणम्
	अवधातव्यम्-उपर्युक्त-गतिविधयः उदाहरणरूपेण प्रदत्ता सन्ति। एतदतिरिच्य एतादृशाः अन्यगतिविधयः अपि भवितुमर्हन्ति।				

Trend Analysis

पाठ्यपुस्तक - शेमुषी भाग-2
खण्ड 'घ' पठितावबोधनम्

गद्यांश

पाठ का नाम	2025	2024	2023
1. बुद्धिर्बलवती सदा	02 (Detail) 02 (One word)	-------------------	-------------------
2. विचित्रः साक्षी	-------------------	02 (Detail) 02 (One word)	02 (Detail) 02 (One word)
पद्यांश			
1. अन्योक्तयः	02 (Detail) 02 (One word)	-------------------	-------------------
2. सूक्तयः	-------------------	02 (Detail) 02 (One word)	-------------------
3. शुचिपर्यावरणम्	-------------------	-------------------	02 (Detail) 02 (One word)
नाट्यांश			
1. जननी तुल्यवत्सला	02 (Detail) 02 (One word)	-------------------	-------------------
2. शिशुलालनम्	-------------------	02 (Detail) 02 (One word)	-------------------
3. सौहार्दं प्रकृतेः शोभा	-------------------	-------------------	02 (Detail) 02 (One word)
अन्वय			
1. विचित्रः साक्षी (दुष्कराण्यपि)	04 (रिक्त स्थान पूर्ति)	-------------------	-------------------
2. अन्योक्तयः (एक एव खगः मानी)	-------------------	04 (रिक्त स्थान पूर्ति)	-------------------
3. सुभाषितानि (मृगाः मृगैः सह)	-------------------	-------------------	04 (रिक्त स्थान पूर्ति)
भावार्थ			
1. सौहार्दं प्रकृतेः शोभा (काकः कृष्णः पिकः कृष्ण)	04 (रिक्त स्थान पूर्ति)	-------------------	-------------------
2. अन्योक्तयः (एक एव खगः मानी)	-------------------	04 (रिक्त स्थान पूर्ति)	-------------------
3. सुभाषितानि (आचारः प्रथमः धर्मः)	-------------------	-------------------	04 (रिक्त स्थान पूर्ति)
प्रश्ननिर्माण			
1. सूक्तयः, सौहार्दं प्रकृतेः शोभा, शिशुलालनम्, बुद्धिर्बलवती सदा	04 (प्रश्नवाचक वाक्य)	-------------------	-------------------
2. विचित्रः साक्षी, जननी तुल्यवत्सला, सौहार्दं प्रकृतेः शोभा, बुद्धिर्बलवती, शुचिःपर्यावरणम्	-------------------	04 (प्रश्नवाचक वाक्य)	-------------------
3. सुभाषितानि, बुद्धिर्बलवती अन्योक्तयः, शिशुलालनम्	-------------------	-------------------	04 (प्रश्नवाचक वाक्य)

Trend Analysis

पाठ का नाम	2025	2024	2023
घटनाक्रम			
1. सौहार्दं प्रकृतेः शोभा	$\frac{1}{2}\times8=4$ (सम्पूर्ण वाक्य में लेखन)	-------------------	-------------------
2. विचित्रः साक्षी	-------------------	$\frac{1}{2}\times8=4$ (सम्पूर्ण वाक्य में लेखन)	-------------------
3. बुद्धिर्बलवती	-------------------	-------------------	$\frac{1}{2}\times8=4$ (सम्पूर्ण वाक्य में लेखन)
प्रसंगानुकूलं अर्थ			
1. जननी तुल्यवत्सला, सौहार्दं प्रकृतेः शोभा, सूक्तयः	03 (बहुविकल्पीय प्रश्न)	-------------------	-------------------
2. जननी तुल्यवत्सला, सुभाषितानि, सूक्तयः	-------------------	03 (बहुविकल्पीय प्रश्न)	-------------------
3. जननी तुल्यवत्सला, सुभाषितानि, सूक्तयः, सौहार्दं प्रकृतेः शोभा			03 (बहुविकल्पीय प्रश्न)

Predictive Analysis

पाठ्यपुस्तक - शेमुषी भाग-2 खण्ड 'घ' पठितावबोधनम् गद्यांश		
पाठ का नाम (Chapter Name)	**प्राथमिकता (Priority)**	**क्यों है महत्वपूर्ण (Why is Important)**
1. विचित्रः साक्षी		प्रस्तुत पाठ में से (2026) की परीक्षा में गद्यांश पर आधारित प्रश्न (5 अंक) एकपदेन उत्तरत (2 × ½ = 1) पूर्णवाक्येन उत्तरत (1 × 2 = 2) एवं निर्देशानुसारं उत्तरत (2 × 1 = 2) पूछे जा सकते हैं।
पद्यांश		
1. शुचिपर्यावरणम्		प्रस्तुत पाठ में से (2026) की परीक्षा में पद्यांश पर आधारित प्रश्न (5 अंक) एकपदेन उत्तरत (2 × ½ = 1) पूर्णवाक्येन उत्तरत (1 × 2 = 2) एवं निर्देशानुसारं उत्तरत (2 × 1 = 2) पूछे जा सकते हैं।
नाट्यांश		
1. सौहार्दं प्रकृतेः शोभा		प्रस्तुत पाठ में से (2026) की परीक्षा में नाट्यांश पर आधारित प्रश्न (5 अंक) एकपदेन उत्तरत (2 × ½ = 1) पूर्णवाक्येन उत्तरत (1 × 2 = 2) एवं निर्देशानुसारं उत्तरत (2 × 1 = 2) पूछे जा सकते हैं।
1. अन्योक्तयः, सुभाषितानि	अन्वय **अथवा** भावार्थ	प्रस्तुत पाठ में से (2026) की परीक्षा में अन्वय में रिक्त स्थान पूर्ति (1 × 4 = 4) पूछे जा सकते हैं। **अथवा** उपर्युक्त
सौहार्दं प्रकृतेः शोभा, जननी - तुल्यवत्सला, अन्योक्तयः, सूक्तयः शुचिपर्यावरणम्	**प्रश्ननिर्माण**	प्रस्तुत पाठों में से (2026) की परीक्षा में प्रश्न वाचक वाक्य (1 × 4 = 4) बनाने के लिए पूछे जा सकते हैं।
विचित्रः साक्षी, जननी - तुल्यवत्सला, बुद्धिर्बलवती	**घटनाक्रम**	प्रस्तुत पाठों में से (2026) की परीक्षा में घटनाक्रम लेखन (½ × 8 = 4) पूछा जा सकता हैं।
1. जननी तुल्यवत्सला, सूक्तयः, सुभाषितानि	**प्रसंगानुकूल अर्थ**	प्रस्तुत पाठों में से (2026) की परीक्षा में प्रसंगानुकूल बहुविकल्पीय प्रश्नों में से (1 × 3 = 3) उचित अर्थ पूछे जा सकते हैं।

Know Your 2026 CBSE Board Sample Paper Better!

'क' खण्डः अपठितावबोधनम्

प्रदूषणसमस्यायाः निवारणाय सर्वे उपायाः कर्तव्याः अन्यथा पृथिव्याम् अपि जीवनम् असम्भवं भविष्यति। यावत् जनाः जागरूकाः न भविष्यन्ति तावत् अस्याः समस्यायाः समाधानं न भविष्यति। अतः वयं प्रदूषणं निवारयाम, पृथ्वीं सुरक्षयाम। प्रदूषणस्य निवारणाय पर्यावरणस्य संरक्षणाय च वृक्षाः रोपणीयाः, उद्योगानां विस्तारः च वैज्ञानिकरीत्या करणीयः, आयुद्धगतिविधयः निवारणीयाः।

अ. एकपदेन उत्तरत - (केवलं प्रश्नद्वयम्)	2×1=2
(i) दूषितः वायुः [illegible] हृदयं प्रविशति?	
(ii) [illegible] निवारणं कर्तव्यम्?	
(iii) अस्माभिः [illegible] महती समस्या का अस्ति?	
पूर्णवाक्येन उत्तरत - (केवलं प्रश्नद्वयम्)	2×2=4
(i) वायुप्रदूषणेन के के रोगाः भवन्ति?	
(ii) सम्पूर्णवायुमण्डलं कथं दूषितं जातम्?	
(iii) प्रदूषणस्य निवारणाय के उपायाः कर्तव्याः?	

'ख' खण्डः रचनात्मकं कार्यम्

आ	मञ्जूषायां प्रदत्तशब्दानां साहाय्येन अधोलिखितं विषयम् अधिकृत्य न्यूनातिन्यूनं पञ्चभिः संस्कृतवाक्यैः एकम् अनुच्छेदं लिखत - "मार्ग-सुरक्षा" मञ्जूषा पदयात्रिणः, दुर्घटना, परिणामाः, अवधानेन, दक्षिणतः, रक्त-हरित-पीत-सङ्केतान्, नियमाः, चतुष्पथि, पालनीयाः, दृष्ट्वा, वामतः, वाहनचालनसमये, यातायातसङ्केताः।	
4.	अधोलिखितानि [illegible] भाषया अनूद्य लिखत – (i) विज्ञान [illegible] युग में बहुत [illegible] आविष्कार हुए। In thi[s age] of scienc[e n]umerous inventions have taken place. (ii) स्वस्थ श[रीर में] स्वस्थ म[न] [illegible] है। A healthy [mind re]side[s in] a healthy body. (iii) रूस और यूक्रेन के बीच युद्ध कब [illegible] होगा? When will the war between Russia and Ukraine come to an end?	5×1=5

'ग' खण्डः अनुप्रयुक्तव्याकरणम्

10.	मञ्जूषायां प्रदत्तैः उचितैः अव्ययपदैः अधोलिखितवाक्येषु रिक्तस्थानानि पूरयत - (i) ------- असत्यं वदिष्यति तर्हि उचितं न स्यात्। (ii) कर्महीनः जनः ------- भ्रमित्वा समयं यापयति। (iii) अहम् --------- तत्र गन्तुम् इच्छामि। मञ्जूषा इतस्ततः, अपि, [illegible]	3×1=3
11.	अधोलिखितवाक्येषु रेखाङ्कित-[illegible] चित्वा वाक्यानि पुनः लिखत – (i) ते **वृक्षाणि** हरिताः स[न्ति]। (क) वृक्षाः (ख) वृक्षः (ग) वृक्षे (घ) वृक्षम् (ii) पिता पुत्राय **क्रुध्यन्ति**। (क) क्रुध्यामि (ख) क्रुध्यतः	3×1=3

'घ' खण्डः पठितावबोधनम्

	एकः वानरः - यतः त्वं वनराजः भवितुं तु सर्वथाऽयोग्यः। राजा तु रक्षकः भवति परं भवान् तु भक्षकः। [illegible] रक्षायामपि समर्थः नासि तर्हि कथमस्मान् रक्षिष्यसि? अन्यः वानरः - [illegible] श्रुता त्वया [illegible] उक्तिः- य[ः] रक्षति वित्रस्त[ान्] [पीड्]यमानान्परैः सदा। ज[न्तून्] पार्थिवरूपे[ण] [सः] न[ा]न्तो न संशयः ॥ काकः - आम् [illegible] वस्तुतः वनराजः भवितुम् अहमेव योग्यः। I. एकपदेन उत्तरत - (केवलं प्रश्नद्वयम्) (i) अत्र कः आत्मानं वनराजः भवितुं योग्यः मन्यते?	2×½=1
17.	अधोलिखित-कथांशं समुचित-क्रमेण लिखत – (i) चौरस्य पदध्वनिना अतिथिः प्रबुद्धः अभवत् धावित्वा तं चौरम् अगृह्णाच्च। (ii) न्यायाधीशः आरक्षिणे कारादण्डम् आदिश्य अतिथिं ससम्मानं मुक्तवान्।	8×½=4
18.	अधोलिखितवाक्येषु रेखाङ्कितपदानां प्रसङ्गानुकूलम् उचितार्थं चित्वा लिखत- (i) मां निजगले बद्ध्वा चल **सत्वरम्**। (क) सर्वम् (ख) सत्वम् (ग) दूरम् (घ) शीघ्रम् (ii) अन्येषां **वदने** ये तु ते चक्षुर्नामनी मते।	3×1=3

Positive Affirmations

" EMBRACE YOUR UNIQUENESS, NOURISH SELF-CARE, AND PRESS FORWARD RELENTLESSLY. TO ACHIEVE FLIGHT, UNLOAD THE BAGGAGE THAT SLOWS YOUR ASCENT."

I strongly trust in my vision and work diligently to wards making it a reality.

I am capable of learning and growing everyday.

I am not defined by grades & test scores. My true worth lies in my character, compassion and positive impact I have on others.

I celebrate my quirks, for they make me beautifully unique.

I embrace my mistakes, learn from them and use them to fuel my growth & resilience.

My voice matters and I believe in the power of my words to shape the world around me.

I am not the product of circumstances, I am the product of my own choices.

I face challenges with courage and determination.

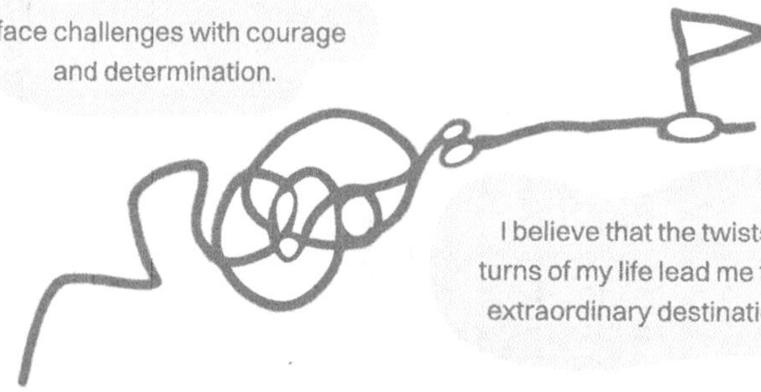

I celebrate the achievements of others without diminishing my journey.

I believe that the twists & turns of my life lead me to an extraordinary destinations.

प्रतिदर्श प्रश्न पत्र-1

हल सहित

अवधिः 3 होरा **पूर्णाङ्काः** 80

सामान्य निर्देशाः

1. *कृपया समयक्तया परीक्षणं कुर्वन्तु यत् अस्मिन् प्रश्नपत्रे 10 पृष्ठानि मुद्रितानि सन्ति।*
2. *कृपया समयक्तया परीक्षणं कुर्वन्तु यत् अस्मिन् प्रश्नपत्रे 18 प्रश्नाः सन्ति।*
3. *अस्मिन् प्रश्नपत्रे चत्वारः खण्डाः सन्ति।*
   'क' खण्डः अपठितावबोधनम् — 10 अङ्काः
   'ख' खण्डः रचतात्मककार्यम् — 15 अङ्काः
   'ग' खण्डः अनुप्रयुक्त व्याकरणम् — 25 अङ्काः
   'घ' खण्डः पठितावबोधनम् — 30 अङ्काः
4. *प्रत्येकं खण्डम् अधिकृत्य उत्तराणि एकस्मिन् स्थाने क्रमेण लेखनीयानि।*
5. *उत्तरलेखनात् पूर्व प्रश्नस्य क्रमाङ्कः अवश्यं लेखनीयः।*
6. *प्रश्नस्य क्रमाङ्कः प्रश्नपत्रानुसारम् एव लेखनीयः।*
7. *सर्वेषां प्रश्नानाम् उत्तराणि संस्कृतेन लेखनीयानि।*
8. *प्रश्नानां निर्देशाः ध्यानेन अवश्यं पठनीयाः।*

खण्डः 'क'

अपठितावबोधनम् (10 अङ्काः)

1. अधोलिखितं गद्यांशं पठित्वा प्रदत्तप्रश्नानाम् उत्तराणि संस्कृतेन लिखत— **[10]**

मीरा कृष्णभक्तेषु अन्यतमा अस्ति। तस्याः जन्म 1498 ई. तमे वर्षे कूडकी इति ग्रामे रत्नसिंहस्य गृहे अभवत्। अस्याः पतिः चित्तौड़गढ़स्य महाराजः भोजराजः आसीत्। शैशवात् एव मीरा कृष्णभक्तिलीना आसीत्। 1521 इति वर्षे युद्धे व्रणितः तस्याः पतिः दिवङ्गतः। वैधव्यकाले तस्याः समयः विशेषतः कथाकीर्तनयोः पूजापाठयोः हरिचर्यायां च व्यतीतो भवति स्म। मीरायाः एतत्कृष्णप्रेम तस्याः देवराय विक्रमाय न रोचते स्म। सः तां नानाविधैः क्लेशैः अपीडयत्। एकदा सः पुष्पहारेण सह सर्प प्रेषितवान्। अन्येद्युः तस्याः जीवनलीलां समापयितुं विषपूरितं चषकं प्रेषयत्। परमेश्वरानुकम्पया सर्पस्तां न अदशत्। विषम् अपि तस्याः कृते अमृतमिव अभवत्। तस्मात् तस्याः विश्वासः कृष्णभक्तौ दृढात्दृढतरोऽभवत्। मीरायाः भक्तिभावपूर्णानि गेयदानि प्रतिप्रान्तं श्रद्धया गीयन्ते। इयं किंवदन्ती प्रसिद्धा अस्ति यत् मीरा द्वारिकायां श्रीकृष्णमूर्तौ विलयङ्गता।

(अ) एकपदेन उत्तरत—(केवलं प्रश्नद्वयम्) **[2 × 1 = 2]**

(i) मीरायाः पतिः कः आसीत्?

(ii) का द्वारिकायां श्रीकृष्णमूर्तौ विलयङ्गता?

(iii) कस्मिन् ग्रामे मीरा जन्म अलभत?

(आ) पूर्णवाक्येन उत्तरत—(केवलं प्रश्नद्वयम्) **[2 × 2 = 4]**

(i) विक्रमः मीरां हन्तुं किं किम् अकरोत्?

(ii) वैधव्यकाले मीरायाः समयः कथं व्यतीतो भवति स्म?

(iii) मीरायाः विश्वासः कृष्णभक्तौ कथं दृढात्दृढतरोऽभवत्?

(इ) अस्य अनुच्छेदस्य कृते उपयुक्तं शीर्षकं संस्कृतेन लिखत। **[1]**

(ई) यथानिर्देशम् उत्तरत— **[3 × 1 = 3]**

(i) 'एकदा सः पुष्पहारेण सह सर्प प्रेषितवान्।' अत्र सः इति सर्वनामपदं कस्मै प्रयुक्तम्?

(क) मीरायै (ख) विक्रमाय (ग) चषकाय (घ) रत्नसिंहाय

(ii) 'मीरायाः एतत्कृष्णप्रेम तस्याः देवराय विक्रमाय न रोचते स्म।' इत्यत्र 'प्रेम' इति कर्तृपदस्य किं क्रियापदं प्रयुक्तम्?

(क) मीरायाः (ख) देवराय (ग) न (घ) रोचते स्म

(iii) 'सः तां नानाविधैः क्लेशैः अपीडयत्।' अत्र किं विशेषणपदं प्रयुक्तम्?

(क) सः (ख) ताम् (ग) नानाविधैः (घ) क्लेशैः

खण्ड : 'ख'

रचनात्मकं कार्यम् (15 अङ्काः)

2. (अ) भवत्याः नाम शर्वाणी। भवत्याः सखी प्रज्ज्वला संस्कृतं पठितुं भवत्याः परामर्शं वाञ्छति। तां प्रेरयिंत लिखितं पत्रं मञ्जषायां प्रदत्तपदानां सहायतया पुरयित्वा पत्रम उत्तरपुस्तिकायां लिखतु। [5]

मञ्जूषा

वज्ञानिकी, प्रचराम्, वाङ्गमय, प्रज्ज्वले, कर्तुम्, शर्वाणी, इति, गौरवम्, संस्कृतम्? नवदिल्लीतः।

अथवा

(आ) भवान् अक्षतः। भवतः संस्कृतपठने रुचिः। भवान् कानिचन पुस्तकानि क्रेतुम् इच्छति। अतः प्रकाशकाय अधोलिखितं पत्रं मञ्जूषाप्रदतपदैः पूरयित्वा पुनः लिखत—

मञ्जूषा

पुस्तकानि, सन्ति, निवेदनम् सेवायाम्, तेषु, सन्दर्भे, पुस्तकानाम्, समीपे, संलग्ना, अक्षतः।

3. (अ) प्रदतं चित्रं दृष्ट्वा मञ्जूषायां प्रदत्तशब्दानां सहायतया पञ्च वाक्यानि संस्कृतेन लिखत— [5 × 1 = 5]

मञ्जूषा

विपण्याः, हस्ते, जनाः, स्यूतः, कण्डोलः, आपणिकः, मापनम्, महिला, शिरसि, जनसम्मर्दः, क्रीणाति, शाकानि, फलानि, भ्रमन्ति।

अथवा

(आ) मञ्जूषाप्रदत्तशब्दानां साहाय्येन निम्नलिखितं विषयम् अधिकृत्य न्यूनातिन्यूनं पञ्चभिः संस्कृतवाक्यैः एकम् अनुच्छेदं लिखत—

"मर्यादापुरुषोत्तमः श्रीरामः"

मञ्जूषा

अयोध्यायाम्, सर्वदा, पालयति, धर्मज्ञः, सत्यप्रियः, आसीत्, जानाः, तस्य, जपम्, अभवत्, नाम्नः नियमान्, ऋषयः, मुनयः जन्म।

4. अधोलिखितानी वाक्यानि संस्कृतभाषया अनूद्य लिखत— [5 × 1 = 5]

(i) माता पिता देवता के समान होते हैं।

Parents are like Gods.

(ii) आत्मसम्मान ही सबसे बड़ी सम्पत्ति है।

Self-respect is the greatest asset.

(iii) मेरे पिता जी सुबह कार्यालय जाते हैं।

My father goes to office in the moring.

(iv) कल मेरे सभी मित्र मेरे घर आये थे।

Yesterday all my friends came to my house.

(v) कल हम सब खेलने जायेंगे।

Tomorrow we will all go to play.

खण्ड : 'ग'

अनुप्रयुक्त व्याकरणम् (25 अङ्काः)

5. (अ) अधोलिखितवाक्येषु रेखाङ्कितपदेषु सन्धिं सन्धिच्छेदं वा कुरुत— [4 × 1 = 4]

(i) नास्ति **योजकः + तत्र** दुर्लभः।

(ii) **तव + उत्तमा**

(iii) सर्वथा **सम्यक् + उक्तं** सिंहमहोदयेन।

(iv) **एतयोर्जननी** तेनावमानिता निर्वासिता।

अथवा

(आ) अधोलिखितवाक्युषे रेखाङ्कितपदेषु सन्धिं सन्धिच्छेदं वा कुरुत—

(i) त्वया महत्कौतुकम् आवेदितम् **यन्मानुषात्** अपि बिभेषि।

(ii) अस्ति **देउलाख्यः + ग्रामः**

(iii) **मूर्खाश्च** मूर्खैः सङ्गमनुव्रजन्ति।

(iv) **एक + एक**

6. अधोलिखितवाक्येषु रेखाङ्कितपदानां समासं विग्रहं वा प्रदत्तविकल्पेभ्यः चित्वा लिखत— [4 × 1 = 4]

(i) नासित किञ्चित् **निरर्थकम्**।

(क) अर्थस्य योग्यम् (ख) अर्थस्य प्रति (ग) अर्थस्य सहितम् (घ) अर्थस्य अभावः

(ii) **हरिततरूणां** ललितलतानां माला रमणी:

(क) हरितस्य तरूणां (ख) तरु च हरित च

(ग) सहतरु (घ) हरिताः च ये तरवः (तेषां)

(iii) सर्वेषु अपत्येषु जननी **तुल्यवत्सला।**

(क) तुल्यं वत्सलं यस्याः सा (ख) तुल्यं वत्सलं यस्य सः

(ग) तुल्यं वत्सलम् (घ) तुल्यं वत्सलं सा

(iv) क्षत्रियकुलपितामहयोः **सूर्ये च चन्द्रे च** को वा भवतोर्वंशस्य कर्ता।

(क) सूर्यचन्द्रः (ख) सूर्यचन्द्रयोः (ग) सूर्यचन्द्राभ्याम् (घ) सूर्यचन्द्रौ

7. अधोलिखितवाक्येषु रेखाङ्क्तिपदानां प्रकृति-प्रत्ययौ संयोज्य विभज्य वा उचितम् उत्तरं विकल्पेभ्यः चित्वा लिखत— [4 × 1 = 4]

(i) मम पिता मह्यम् एकां संस्कृतस्य **मास + ठक्** पत्रिकाम् आनीतवान्।

(क) मासिकम् (ख) मासिका (ग) मासिकीम् (घ) मासिकः

(ii) आकारस्य **लघु + त्व** कार्यबाधकः न भवति।

(क) लघुत्वम् (ख) लघुत्व (ग) लघुता (घ) लघुत्वा

(iii) जनैः गङ्गायाः **शुद्धता** करणीया।

(क) शुद्ध + टाप् (ख) शुद्ध + तल् (ग) शुद्ध + त्व (घ) शुद्ध + क्त्वा

(iv) ताः कन्याः **गुणवत्यः** सन्ति।

(क) गुण + मतुप् (ख) गुण + टाप् (ग) गुण + त्व (घ) गुण + क्तवतु

8. वाच्यानुसारम् उचितपदैः रिक्तस्थानानि पूरयित्वा अधोलिखित-वाक्यानि पुनः लिखत— [3 × 1 = 3]

(i) .... ध्यानेन पठनं करोमि।

(क) मह्यम् (ख) माम् (ग) अस्माभिः (घ) अहम्

(ii) साधुना .... क्रियते।

(क) पूजायाम् (ख) पूजा (ग) पूजाया: (घ) पूजाम्

(iii) किं त्वया ग्राम: .... ?

(क) गम्यन्ते (ख) गम्येते (ग) गच्छामि (घ) गम्यते

9. कालबोधकशब्दैः अधोलिखित-दिनचर्यां पूरयत— [4 × 1 = 4]

(i) मम मित्रं प्रात: (6:45) धावनं करोति।

(ii) तदा स: (8:00) विद्यालयं गच्छति।

(iii) (1:30) विद्यालयात् गृहम् आगच्छति।

(iv) सायंकाले (4:15) क्रिकेटक्रीडां क्रीडति।

10. मञ्जूषायां प्रदत्तैः उचितैः अव्ययपदैः अधोलिखितवाक्येषु रिक्तस्थानानि पूरयत— [3 × 1 = 3]

(i) तव भोजनावकाश: .... भविष्यति?

(ii) .... मम जन्मदिवसे मम गृहे यज्ञम् अभवत्।

(iii) शिशु: .... चलित्वा मातु: समीपम् आगच्छत्।

मञ्जूषा

ह्यः, शनैः, कदा।

11. अधोलिखितवाक्येषु रेखाङ्कित अशुद्धपदाय उचितपदं चित्वा वाक्यानि पुनः लिखत— [3 × 1 = 3]

(i) सा शोभना कन्या <u>सन्ति</u>।

(क) आसम् (ख) स्त: (ग) अस्तु (घ) अस्ति

(ii) <u>नील:</u> गगनं शोभते।

(क) नीलाम् (ख) नीलम् (ग) नीला (घ) नीलस्य

(iii) <u>शाखेषु</u> खगा: सन्ति।

(क) शाखायाम् (ख) शाखे (ग) शाखा (घ) शाखया

खण्ड : 'घ'

पठितावबोधनम् (30 अङ्का:)

12. अधोलिखितं गद्यांशं पठित्वा प्रदत्तप्रश्नानाम् उत्तराणि संस्कृतेन लिखत— [5]

अस्ति देउलाख्यो ग्राम:। तत्र राजसिंह: नाम राजपुत्र: वसति स्म। एकदा केनापि आवश्यककार्येण तस्य भार्या बुद्धिमती पुत्रद्वयोपेता पितुर्गृहं प्रति चलिता। मार्गे गहनकानने सा एकं व्याघ्रं ददर्श। सा व्याघ्रमागच्छन्तं दृष्ट्वा धाष्ट्र्यात् पुत्रौ चपेटया प्रहृत्य जगाद—"कथमेकैकशो व्याघ्रभक्षणाय कलहं कुरुथ:? अयमेकस्तावद्विभज्य भुज्यताम्। पश्चाद् अन्यो द्वितीय: कश्चिल्लक्ष्यते।"

(i) **एकपदेन उत्तरत—(केवलं प्रश्नद्वयम्)** [2 × ½ = 1]

(क) राजसिंह: कुत्र वसति स्म?

(ख) बुद्धिमती पुत्रद्वयोपेता कुत्र चलिता?

(ग) सा कुत्र एकं व्याघ्रं ददर्श?

(ii) **पूर्णवाक्येन उत्तरत—(केवलं प्रश्नद्वयम्)** [2 × 1 = 2]

(क) सा पुत्रौ चपेटया प्रहृत्य किम् जगाद?

(ख) एकदा का पितु: गृहं प्रति चलिता?

(ग) बुद्धिमती किमर्थं पितुर्गृहं प्रति चलिता?

(iii) **भाषिककार्यम्—** [2 × 1 = 2]

(अ) (क) 'जगाद' इति क्रियापदस्य कर्तृपदं किम्?

(ख) 'व्याघ्रम्' इति पदस्य विशेषणंपदं किम्?

अथवा

(आ) (क) अनुच्छेदे 'अपश्यत्' इत्यस्य पदस्य क: पर्याय: प्रयुक्त:?

(ख) 'चालिता' इति क्रियापदस्य कर्तृपदं किम्?

13. अधोलिखितं पद्यांशं प्रदत्तप्रश्नानाम् उत्तराणि संस्कृतेन लिखत— [5]

रे रे चातक! सावधानमनसा मित्र क्षणं श्रूयताम्
अम्भोदा बहवो हि सन्ति गगने सर्वेऽपि नैतादृशाः।
केचिद् वृष्टिभिरार्द्रयन्ति वसुधां गर्जन्ति केचिद् वृथा,
यं यं पश्यसि तस्य तस्य पुरतो मा ब्रूहि दीनं वचः।।

(i) **एकपदेन उत्तरत—(केवलं प्रश्नद्वयम्)** [2 × ½ = 1]

(क) अस्मिन् श्लोके कविः कं सम्बोधयति?

(ख) कीदृशं वचः न ब्रूहि?

(ग) अम्भोदाः कुत्र सन्ति?

(ii) **पूर्णवाक्येन उत्तरत—(केवलं प्रश्नद्वयम्)** [2 × 1 = 2]

(क) बहवः के सन्ति?

(ख) सर्वस्य पुरतः किं न वक्तव्यम्?

(ग) के वृष्टिभिः वसुधां आर्द्रयन्ति?

(iv) **भाषिककार्यम्—** [2 × 1 = 2]

(अ) (क) 'केचिद् वृथा गर्जन्ति।' अत्र 'केचिद्' पदं केभ्यः प्रयुक्तम्?

(ख) 'बहवः अम्भोदाः' अनयोः पदयोः विशेषणपदं किम्?

अथवा

(आ) (क) श्लोके 'समक्षम्' इत्यस्य पदस्य कः पर्यायः प्रयुक्तोऽस्ति?

(ख) अस्मिन् श्लोके 'त्वं दीनं वचः मा ब्रूहि' अस्मिन् वाक्ये किं कर्तृपदं तथा क्रियापदं प्रयुक्तम्?

14. अधोलिखितं नाट्यांशं पठित्वा प्रदत्तप्रश्नानाम् उत्तराणि संस्कृतेन लिखत्— [5]

सुरभिः— भो वासव ! पुत्रस्य दैन्यं दृष्ट्वा अहं रोदिमि। सः दीन इति जानन्नपि कृषकः तं बहुधा पीडयति। सः कृच्छ्रेण भारमुद्वहति। इतरमिव धुरं वोढुंसः न शक्नोति। एतत् भवान् पश्यति न?" इति प्रत्यवोचत्।

"भद्रे! नूनम्। सहस्राधिकेषु पुत्रेषु सत्स्वपि तव अस्मिन्नेव एतादृशं वात्सल्यं कथम्?" इति इन्द्रेण पृष्टा सुरभिः प्रत्यवोचत्—"बहून्यपत्यानि मे सन्तीति सत्यम् तथाप्यहमेतस्मिन् पुत्रे विशिष्य आत्मवेदनामनुभवामि। यतो हि अयमन्येभ्यो दुर्बलः। सर्वेष्वपत्येषु जननी तुल्यवत्सला एव। तथापि दुर्बले सुते मातुः अभ्यधिका कृपा सहजैव" इति। सुरभिवचनं श्रुत्वा भृशं विस्मितस्याखण्डलस्यापि हृदयमद्रवत्।

स च तामेवमसान्त्वयत्—"गच्छ वत्से! सर्वं भद्रं जायेत।"

(i) **एकपदेन उत्तरत—(केवलं प्रश्नद्वयम्)** [2 × ½ = 1]

(क) कस्य दैन्यं दृष्ट्वा सा रोदिति?

(ख) सर्वेष्वपत्येषु का तुल्यवत्सला?

(ग) सः केन भारमुद्वहति?

(ii) **पूर्णवाक्येन उत्तरत—(केवलं प्रश्नद्वयम्)** [2 × 1 = 2]

(क) कस्मिन् मातुः अभ्यधिका कृपा सहजैव?

(ख) सुरभिवचनं श्रुत्वा किम् अभवत्?

(ग) आखण्डलः किं कथयित्वा सरभिम असान्त्वयत?

(iii) **भाषिककार्यम्—** [2 × 1 = 2]

(अ) (क) 'सुते' इति पदस्य विशेषणपदं किम्?

(ख) 'पीडयति' इति क्रियापदस्य कर्तृपदं किम्?

अथवा

(आ) (क) 'आकर्ण्य' इति पदस्य पर्यायपदं किं प्रयुक्तम्?

(ख) 'कृषकः तं बहुधा पीडयति' अस्मिन् वाक्य कर्तृपदं किम् प्रयुक्तम्?

15. अधोलिखित-रेखाङ्कितपदानि आधृत्य प्रश्ननिर्माणं कुरुत— [4 × 1 = 4]

(i) जनकेन शैशवे **सुताय** विद्याधनं दीयते।

(ii) **प्रकृत्याः** सन्निधौ वास्तविकं सुखं विद्यते।

(iii) **भ्रातरौ** आवाम् सोदर्यौ स्वः।

(iv) सिंहः **वानराभ्यां** स्वरक्षायाम् असमर्थः एवासीत्।

16. (अ) मञ्जूषातः समुचितपदानि चित्वा अधोलिखित-श्लोकस्य अन्वयं पूरयित्वा पुनः लिखत— [4 × 1 = 4]

दुष्कराण्यपि कर्माणि मतिवैभवशालिनः।
नीतिं युक्तिं समालम्ब्य लीलयैव प्रकुर्वते।।

अन्वयः—

मतिवैभवशालिनः (जनाः) **(i)** .... युक्तिं (च) **(ii)** .... दुष्कराणि **(iii)** .... कर्माणि **(iv)** .... एव प्रकुर्वते।

मञ्जूषा

लीलया, नीतिम्, अपि, समालम्ब्य।

अथवा

(आ) अधोलिखितश्लोकस्य भावार्थं रिक्तस्थानानि मञ्जूषायाः साहाय्येन पुरयित्वा पुनः लिखत—

काकः कृष्णः पिकः कृष्णः को भेदः पिककाकयोः।

वसन्तसमये प्राप्ते काकः काकः पिकः पिकः।।

भावार्थः—

अस्य भावोऽस्ति यत् काकस्य वर्णः **(i)** .... वर्तते। **(ii)** .... अपि वर्णः कृष्णः एव अस्ति। अतः तयोः **(iii)** .... मध्ये कः भेदः अस्ति? अर्थात् वर्णदृष्ट्या तयोः कश्चिद् भेदो न दृश्यते। परन्तु यदा **(iv)** .... समयः आगच्छति तदा तयोः स्वरैः ज्ञायते यत् कः काकः अस्ति कश्च पिको वर्तते।

वसन्तस्य, पिकस्य, पिककाकयोः कृष्णः

17. अधोलिखितानि वाक्यानि घटनाक्रमानुसारं संयोज्य पुनः लिखत— **[8 × ½ = 4]**

(i) एकः सिंहः विश्राम्यते स्म।
(ii) ततः प्रकृतिमाता प्रविशति।
(iii) वानराः तं तुदन्ति स्म।
(iv) अधुना पशुः राजा न भवेत् अपितु कोऽपि पक्षी एव राजेति निश्चेतव्यम्।
(v) सर्वे प्राणिनः सिंहस्य दशां दृष्ट्वा हसन्ति।
(vi) सर्वेषां प्राणिनामेव यथासमयं महत्त्वं विंद्यते।
(vii) सर्वे प्राणिनः परस्परं विवादं कुर्वन्ति आत्मानं योग्यं च कथयन्ति। अन्ते निर्णयं कुर्वन्ति यत्—
(viii) मिलित्वा एव मोदध्वं जीवनं च रसमयं कुरुध्वम्।

18. अधोलिखितवाक्येषु रेखाङ्कितपदानां प्रसङ्गानुकूलम् उचितार्थं चित्वा लिखत— **[3 × 1 = 3]**

(i) सर्वेषु **अपत्येषु** जननी तुल्यवत्सला।
(क) सन्ततिषु **(ख)** पुत्रीषु **(ग)** शिष्येषु **(घ)** जनेषु

(ii) **वायसः** वसन्तस्य गुणं न जानाति।
(क) पिकः **(ख)** काकः **(ग)** मयूरः **(घ)** शुकः

(iii) **अनृतं** वदसि चेत् काकः दशेत्।
(क) उच्चैः **(ख)** शनैः **(ग)** सत्यम् **(घ)** असत्यम्

■■

प्रतिदर्श प्रश्न पत्र-2

हल सहित

अवधिः 3 होरा | **पूर्णाङ्काः** 80

सामान्य निर्देशाः

1. *कृपया समयक्तया परीक्षणं कुर्वन्तु यत् अस्मिन् प्रश्नपत्रे 10 पृष्ठानि मुद्रितानि सन्ति।*
2. *कृपया समयक्तया परीक्षणं कुर्वन्तु यत् अस्मिन् प्रश्नपत्रे 18 प्रश्नाः सन्ति।*
3. *अस्मिन् प्रश्नपत्रे चत्वारः खण्डाः सन्ति।*

   'क' खण्डः अपठितावबोधनम् — 10 अङ्काः

   'ख' खण्डः रचतात्मककार्यम् — 15 अङ्काः

   'ग' खण्डः अनुप्रयुक्त व्याकरणम् — 25 अङ्काः

   'घ' खण्डः पठितावबोधनम् — 30 अङ्काः
4. *प्रत्येकं खण्डम् अधिकृत्य उत्तराणि एकस्मिन् स्थाने क्रमेण लेखनीयानि।*
5. *उत्तरलेखनात् पूर्व प्रश्नस्य क्रमाङ्कः अवश्यं लेखनीयः।*
6. *प्रश्नस्य क्रमाङ्कः प्रश्नपत्रानुसारम् एव लेखनीयः।*
7. *सर्वेषां प्रश्नानाम् उत्तराणि संस्कृतेन लेखनीयानि।*
8. *प्रश्नानां निर्देशाः ध्यानेन अवश्यं पठनीयाः।*

खण्डः 'क'

अपठितावबोधनम् (10 अङ्काः)

1. अधोलिखितं गद्यांशं पठित्वा प्रदत्त प्रश्नानाम् उत्तराणि संस्कृतेन लिखत— [10]

अधुना योगदर्शनस्य चर्चा सर्वत्र भवति। एतद् दर्शने न केवलम् अतिप्राचीनम् अपितु नितानतं वैज्ञानिकं दर्शनम् अस्ति महर्षिः पतञ्जलिः योगदर्शनम् उपदिष्टवान्। भारते एव योगदर्शनस्य आविर्भावः अभवत्। योगः देहात्मनोः प्रत्यक्षे वैज्ञानिक साधनमस्ति। एतद्दर्शने शरीरस्य मनसः अपि नियमनं वर्णितम्। योगस्य परिभाषा अस्ति—"योगः चित्तवृत्तिनिरोधः" चित्तवृतीनाम् अवरोधनेनैव योगस्य संसिद्धिः। अस्याम् अवस्थायां जीवः स्वरूपम् अधिगच्छति। योगस्य अष्ट अङ्गादि भवन्ति-यम-नियम-आसन-प्राणायाम-प्रत्याहार-धारणा-ध्यान-समाधयः चेति। अस्माभिः जीवने सदा योगः सेवनीय यतः योगेन नीरोगता आयाति।

(अ) एकपदेन उत्तरत—(केवलं प्रश्नद्वयम्) [2 × 1 = 2]

(i) अधुना कस्य दर्शनस्य चर्चा सर्वत्र भवति?

(ii) योगदर्शने कः उपदिष्टवान्?

(iii) योगस्य कति अङ्गानि सन्ति?

(आ) पूर्णवाक्येन उत्तरत—(केवलं प्रश्नद्वयम्) [2 × 2 = 4]

(i) योगस्य परिभाषा का अस्ति?

(ii) अस्माभिः जीवने किमर्थं योगः सेवनीयः?

(iii) योगस्य अष्टाङ्गानां नामानि लिखत।

(इ) अस्य अनुच्छेदस्य कृते उपयुक्तं शीर्षकं संस्कृतेन लिखत? [1]

(ई) यथानिर्देशम् उत्तरत— [3 × 1 = 3]

(i) "तिरोभावः" इत्यस्य विलोमपदं किम्?

(क) आविर्भावः **(ख)** चित्तवृत्तिनिरोधः **(ग)** सेवनीयः **(घ)** बालभावः

(ii) "पुरातनम्" इत्यर्थे कः शब्दः अत्र प्रयुक्तः?

(क) प्रत्यक्षम् **(ख)** नियमनम् **(ग)** दर्शनम् **(घ)** अतिप्राचीनम्

(iii) "अधुना योगदर्शनस्य चर्चा सर्वत्र भवति" अत्र क्रियापदं किम्?

(क) योगदर्शनस्य (ख) भवति (ग) चर्चा (घ) अधुना

खण्ड : 'ख'

रचनात्मकं कार्यम् (15 अङ्काः)

2. (अ) भवान्/भवती राघवः/ शान्ता। शैक्षिकभ्रमणदले समावेशाय प्रधानाचार्यां प्रति लिखिते आवेदन पत्रे मञ्जूषातः चित्वा, पूरयित्वा च पुनः पत्रं लिखत— [10 × ½ = 5]

मञ्जूषा

अनेन, महती, अनुमतिः, प्रार्थयामि, कृतार्थीकरणीयः, निवेदनीयम्, प्रधानाचार्याः विद्यालये, शैक्षिभ्रमणदलम्, शैक्षिकभ्रमणदले समावेशाय निवेदनम्।

अथवा

(आ) अध्ययनं प्रति मातरं समाश्वासयितुं पुत्र्या लिखितं पत्रं मञ्जूषायां प्रदत्तपदैः पूरयित्वा पुनः लिखत्—

मञ्जूषा

कुशलम्, प्रतियोगिताः, कुशलिनी, परिणामः, चिन्तिता, मतिम्, आनन्देन, करणीया, खेलप्रतियोगितासु, कालः

3. (अ) प्रदतं चित्रं दृष्ट्वा मञ्जूषायां प्रदत्तशब्दानां सहायतया पञ्च वाक्यानि संस्कृतेन लिखत— [5 × 1 = 5]

मञ्जूषा

बालकः, पादकन्दुकेन, पुस्तकम्, पठति, द्वौ बालकौ, क्रीडतः, बालिका, निर्माणं, चित्रम्, पश्यति।

अथवा

(आ) निम्नलिखितं विषयमधिकृत्य मञ्जूषाप्रदत्तशब्दानां साहाय्येन न्यूनातिन्यूनं पञ्चभिः संस्कृतवाक्यैः एकम् अनुच्छेदं लिखत—

'अनुशासनस्य महत्त्वम्'

मञ्जूषा

साफल्यम्, जनयति, परिश्रमेण सह, आलस्यम्, प्राप्नोति, स्वस्थम्, दिनचर्या, आत्मविश्वासः, जीवनम्, स्वलक्ष्यम्, आवश्यकम्, आत्मानम्, दुर्गुणेभ्यः।

4. अधोलिखितानि वाक्यानि संस्कृतभाषया अनूद्य लिखत— [5 × 1 = 5]

(i) नदियाँ बहती हैं।
The rivers flow.

(ii) तुम कहाँ जाते हो?
Where do you go?

(iii) तुम दोनों क्या खाते हो ?
What do you both eat ?
(iv) तुम लोग क्या करते हो ?
What do you do ?
(v) हम लोग खाना खाते हैं।
We eat meal.

खण्ड : 'ग'
अनुप्रयुक्त व्याकरणम् (25 अङ्काः)

5. (अ) अधोलिखितवाक्येषु रेखाङ्कितपदेषु सन्धिं सन्धिच्छेदं वा कुरुत— [4 × 1 = 4]

(i) क्रुद्धः सिंहः **इतस्ततः** धावति।
(ii) **प्रकृतिः + एव** शरणम्।
(iii) **लोके + अस्मिन्**
(iv) **अचिरादेव** चण्डवातेन सह प्रवर्षः समजायत।

अथवा

(आ) अधोलिखितवाक्युषे रेखाङ्कितपदेषु सन्धिं सन्धिच्छेदं वा कुरुत—

(i) **उदीरितः + अर्थः** पशुनापि गृह्यते।
(ii) माम् नय **अस्मात् + नगरात्** बहुदूरम्।
(ii) **गावः + च**
(iv) **सु + आगतम्**

6. अधोलिखितवाक्येषु रेखाङ्कितपदानां समासं विग्रहं वा प्रदत्तविकल्पेभयः चित्वा लिखत— [4 × 1 = 4]

(i) किं **वनराजपदाय** सुपात्रं चीयते ?
(क) वनराजः पदाय (ख) वनराजा पदाय (ग) वनराजे पदाय (घ) वनराजस्य पदाय
(ii) दीने पुत्रे माता **कृपया आर्द्र हृदयं** यस्याः सा भवेत्।
(क) कृपार्द्रहदया (ख) कृपयार्द्रहदया (ग) कृपहृदयार्द्रा (घ) कृपाद्राहृदया
(iii) **कुशलवौ** सभां प्रविशतः।
(क) लवः कुशाः च (ख) कुशः लवौ च (ग) कुशः च लवः च (घ) कुशौ च लवौ च
(iv) **प्रजासुखे** सुखं राज्ञः।
(क) प्रजा सुखे च (ख) प्रजानां सुखे (ग) प्रजाः सुखं च (घ) प्रजायाः सुखं च

7. अधोलिखितवाक्येषु रेखाङ्क्तिपदानां प्रकृति-प्रत्ययौ संयोज्य विभज्य वा उचितम् उत्तरं विकल्पेभ्यः चित्वा लिखत— [4 × 1 = 4]

(i) किं **कुपिता** एवं भणति ?
(क) कुपिता + टाप् (ख) कुपित + टाप् (ग) कुपितः + ङीप् (घ) कुपित + इक्
(ii) **बुद्धि + मतुप्** सा भयात् विमुक्ता।
(क) बुद्धिपान् (ख) बुद्धिगानः (ग) बुद्धिमान् (घ) बुद्धिमती
(iii) रामः **गम् + क्तवतु**
(क) गतवान् (ख) गतवती (ग) गतवतु (घ) क
(iv) सम्पत्तौ विपत्ति च महताम् **एकरूपता।**
(क) एकरूप + त्व (ख) एकरूप + तल् (ग) एकरूप + टाप् (घ) एकरूप + ता

8. वाच्यानुसारम् उचितपदैः रिक्तस्थानानि पूरयित्वा अधोलिखित-वाक्यानि पुनः लिखत— [3 × 1 = 3]

(i) भोः वासव ! पुत्रस्य दैन्यं दृष्ट्वा मया .... ?
(क) रुद्ये (ख) रुद्यते (ग) रुद्यसे (घ) रोदिमि
(ii) सः दीन इति जानन्नपि सः कृषकः .... पीडयति।
(क) तम् (ख) तेन (ग) सः (घ) ताः
(iii) किम् एतत् भवता न .... ?
(क) दृश्ये (ख) दृश्यसे (ग) दृश्यते (घ) पश्यति

9. कालबोधकशब्दैः अधोलिखित-दिनचर्यां पूरयत— [4 × 1 = 4]

(i) मम माता प्रातः .... (4:15) वादने उत्तिष्ठति।
(ii) सा .... (5:00) वादने योगाभ्यासं करोति।
(iii) तदन्तरम् सा स्नात्वा .... (6:45) वादने भोजनं पचति।
(iv) भोजनं गृहीत्वा अहम् .... (7:30) वादने विद्यालयं गच्छामि।

10. मञ्जूषायां प्रदत्तैः उचितैः अव्ययपदैः अधोलिखितवाक्येषु रिक्तस्थानानि पूरयत— [3 × 1 = 3]

(i) केचिद् अम्भोदाः .... गर्जन्ति।
(ii) यदि अहं कृष्णवर्णः .... त्वं किं गौराङ्गः?
(iii) अयं प्रवासः अतिदीर्घः दारुणः ....।

मञ्जूषा

च, वृथा, तर्हि

11. अशुद्ध संशोधनम् [3 × 1 = 3]

(i) श्वः भवन्तः कुत्र <u>गच्छथ</u>?
(क) अगच्छन् (ख) गमिष्यन्ति (ग) गच्छन्ति (घ) गमिष्यथ
(ii) त्वं कदा राष्ट्रपतिभवनं <u>द्रक्ष्यामः</u>?
(क) पश्यथ (ख) पश्यावः (ग) द्रक्ष्यसि (घ) द्रक्ष्यन्ति
(iii) अस्मिन् पुस्तके सप्तदश <u>पाठं</u> सन्ति।
(क) पाठाः (ख) पाठानि (ग) पाठे (घ) पाठौ

खण्ड : 'घ'

पठितावबोधनम् (30 अङ्काः)

12. अधोलिखितं गद्यांशं पठित्वा प्रदत्तप्रश्नानाम् उत्तराणि संस्कृतेन लिखत— [5]

कश्चन निर्धनो जनः भूरि परिश्रम्य किञ्चिद् वित्तमुपार्जितवान्। तेन वित्तेन स्वपुत्रम् एकस्मिन् महाविद्यालये प्रवेशं दापयितुं सफलो जातः। तत्तनयः तत्रैव छात्रावासे निवसन् अध्ययने संलग्नः समभूत्। एकदा स पिता तनूजस्य रुग्णतामाकर्ण्य व्याकुलो जातः पुत्रं द्रष्टुं च प्रस्थितः। परमर्थकार्श्येन पीडितः स बसयानं विहाय पदातिरेव प्राचलत्। पदातिक्रमेण संचलन् सायं समयेऽप्यसौ गन्तव्याद् दूरे आसीत्। 'निशान्धकारे प्रसृते विजने प्रदेशे पदयात्रा न शुभावहा' एवं विचार्य स पार्श्वस्थिते ग्रामे रात्रिनिवासं कर्तुं कञ्चिद् गृहस्थमुपागतः। करुणापरो गृही तस्मै आश्रयं प्रायच्छत्।

(i) **एकपदेन उत्तरत—(केवलं प्रश्नद्वयम्)** [2 × ½ = 1]
(क) कीदृशः जनः भूरि परिश्रम्य किञ्चिद् वित्तमुपार्जितवान्?
(ख) तनयः कुत्र निवसन् अध्ययने संलग्नः समभूत्?
(ग) करुणापरो गृही कस्मै आश्रयं प्रायच्छत्?

(ii) **पूर्णवाक्येन उत्तरत—(केवल प्रश्नद्वयम्)** [2 × 1 = 2]
(क) स पिता किमर्थं व्याकुलो जातः?
(ख) सः किं विचार्य पार्श्वस्थिते ग्रामे रात्रिनिवासं कर्तुं कञ्चिद् गृहस्थमुपागतः?
(ग) अर्जितेन वित्तेन सः जनः किम् अकरोत्?

(iii) **निर्देशानुसारम् उत्तरत—** [2 × 1 = 2]
(अ) (क) "परमर्थकार्श्येन पीडितः सः बसयानं विहाय पदातिरेव प्राचलत" अत्र वाक्ये कर्तृपदं किम्?
(ख) 'करुणापरः' इति विशेषणपदस्य विशेष्यपदं किम्?

अथवा

(आ) (क) 'पुत्रस्य' इति पदस्य किं पर्यायपदं गद्यांशे प्रयुक्तम्?
(ख) 'करुणापरो गृही तस्मै आश्रयं प्रायच्छत्' अत्र 'तस्मै' इति सर्वनामपदं कस्मै प्रयुक्तम्?

13. अधोलिखितं पद्यांशं पठित्वा प्रदत्तप्रश्नान् संस्कृतेन उत्तरत— [5]

निमित्तमुद्दिश्य हि यः प्रकुप्यति, ध्रुवं स तस्यापगमे प्रसीदति।
अकारणद्वेषि मनस्तु यस्य वै, कथं जनस्तं परितोषयिष्यति।।

(i) **एकपदेन उत्तरत—(केवलं प्रश्नद्वयम्)** [2 × ½ = 1]
(क) अत्र किम् अकारणं द्वेषि उक्तम्?
(ख) किम् उद्दिश्य नरं प्रकुप्यति?

(ग) कस्य अपगमे मनुष्यः प्रसीदति?

(ii) पूर्णवाक्येन उत्तरत—(केवलं प्रश्नद्वयम्) [2 × 1 = 2]

(क) मनुष्य कदा ध्रुवं प्रसीदति?

(ख) कं जनः कथमपि न परितोषयिष्यति?

(ग) कस्य अपगमे मनुष्यः प्रसीदति?

(iii) निर्देशानुसारम् उत्तरत्— [2 × 1 = 2]

(अ) (क) 'य' इति कर्तृपदस्य क्रियापदं किम्?

(ख) 'अकारणद्वेषिमनः' अनयोः पदयोः किं विशेष्यपदम्?

अथवा

(आ) (क) 'अध्रुवम्' इत्यस्य किं विलोमपदं श्लोके प्रयुक्तम्?

(ख) 'प्रसीदति' इति क्रियापदं कर्तृपदं किम् प्रयुक्तम्?

14. अधोलिखितं नाट्यांश पठित्वा प्रदत्तप्रश्नानाम् उत्तराणि संस्कृतेन लिखत। [5]

(गजः तं वृक्षमेव स्वशुण्डेन आलोडयितुमिच्छति परं वानरस्तु कूर्दित्वा अन्यं वृक्षमारोहति। एवं गजं वृक्षात् वृक्षं प्रति धावन्तं दृष्ट्वा सिंहः अपि हसति वदति च।)

सिंहः — भो गज! मामप्येवमेवातुदन् एते वानराः।

वानरः —एतस्मादेव तु कथयामि यदहमेव योग्यः वनराजपदाय येन विशालकायं पराक्रमिणं, भयङ्करं चापि सिंहं गजं वा पराजेतुं समर्था अस्माकं जातिः। अतः वन्यजन्तूनां रक्षायै वयमेव क्षमाः। (एतत्सर्वं श्रुत्वा नदीमध्यस्थितः एकः वकः)

बकः — अरे! अरे! मां विहाय कथमन्यः कोऽपि राजा भवितुमर्हति। अहं तु शीतले जले बहुकालपर्यन्तम् अविचलः ध्यानमग्नः स्थितप्रज्ञ इव स्थित्वा सर्वेषां रक्षायाः उपायान् चिन्तयिष्यामि, योजनां निर्मीय च स्वसभायां विविध पदमलङ्कुर्वाणैः जन्तुभिश्च मिलित्वा रक्षोपायान् क्रियान्वितान् कारयिष्यामि, अतः अहमेव वनराजपदप्राप्तये योग्यः।

(i) एकपदेन उत्तरत—(केवलं प्रश्नद्वयम्) [2 × ½ = 1]

(क) स्थितप्रज्ञः इव कः स्थितः भवति?

(ख) वानरः बकः च कस्मै आत्मानं योग्यौ मन्येते?

(ग) सिंहं गजं वा पराजेतुं केषां जातिः आत्मानं समर्था मन्यते?

(ii) पूर्णवाक्येन उत्तरत—(केवलं प्रश्नद्वयम्) [2 × 1 = 2]

(क) सिंहः किं दृष्ट्वा हसति?

(ख) वन्यजन्तूनां रक्षायै के आत्मानं क्षमाः मन्यन्ते?

(ग) बकः कथं रक्षोपायान् क्रियान्वितान् कारयिष्यति?

(iii) निर्देशानुसार उत्तरत— [2 × 1 = 2]

(अ) (क) 'त्यक्त्वा' इत्यस्य किं पर्यायपदम् अत्र प्रयुक्तम्?

(ख) 'मामप्येवमेवातुदन् एते वानराः' अस्मिन् वाक्ये क्रियापदं किम्

अथवा

(आ) (क) 'शीतले' इत्यस्य विशेष्यपदं चित्वा लिखत।

(ख) 'अपरं' इति पदस्य पर्याय अत्र किम् प्रयुक्तम्?

15. अधोलिखित-रेखाङ्कितपदानि आधृत्य प्रश्ननिर्माणं कुरुत— [4 × 1 = 4]

(i) सः <u>कृच्छ्रेण</u> भारम् उद्वहति।

(ii) <u>सुराधिपः</u> ताम् अपृच्छत्।

(iii) अयम् <u>अन्येभ्यो</u> दुर्बलः।

(iv) <u>धेनूनाम्</u> माता सुरभिः आसीत्।

16. (अ) मञ्जूषायाः सहायतया अधोलिखित-श्लोकस्य अन्वयं पूरयित्वा पुनः लिखत— [4 × 1 = 4]

सेवितव्यो महावृक्षः फलच्छायासमन्वितः।

यदि दैवात् फलं नास्ति छाया केन निर्वार्यते।।

मञ्जूषा

छाया, महावृक्षः, नास्ति, दैवात्।

अन्वयः— फलच्छायासमन्वितः **(i)** .... सेवितव्यः। **(ii)** .... यदि फलं **(iii)** .... (वृक्षस्य) **(iv)** .... केन निवार्यते।

अथवा

(आ) अधोलिखितश्लोकस्य भावार्थे रिक्तस्थानानि मञ्जूषायाः साहाय्येन पूरयित्वाः पुनः लिखत—

त्यक्त्वा धर्मप्रदां वाचं परुषां योऽभ्युदीरयेत्।

परित्यज्य फलं पक्वं भुङ्क्तेऽपक्वं विमूढधीः।।

भावार्थः — अस्य भावोऽस्ति यत् यः नरः सत्यां धर्मयुक्ताम् **(i)** .... त्यक्त्वा **(ii)** .... वाचं वदेत् सः **(iii)** .... पक्वं फलं त्यक्त्वा **(iv)** .... फलं खादति अर्थात् तस्य नरस्य वाण्यां सरसता मधुरता न भवति।

मञ्जूषा

कठोराम्, वाणीम्, अपक्वम्, बुद्धिहीनः

17. अधोलिखितानि वाक्यानि घटनाक्रमानुसारं संयोज्य पुनः लिखत— 8 × ½ = 4

(i) सः पुत्रं द्रष्टुं बसयानं विहाय पदातिरेव प्राचलत्।

(ii) न्यायाधीशः तम् अतिथिं ससम्मानं मुक्तवान्।

(iii) तस्मिन् गृहे रात्रौ कश्चन चौरः गृहाभ्यन्तरं प्रविष्टः।

(iv) मार्गे रात्रौ करुणापरो गृही तस्मै आश्रयं प्रायच्छत्।

(v) कश्चन निर्धनः जनः वित्तमुपार्जितवान्।

(vi) चौरस्य पादध्वनिना अतिथिः प्रबुद्धः अभवत् तमन्वधावत् च।

(vii) न्यायाधीशेन पुनः तौ घटनायाः विषये वक्तुम् आदिष्टौ।

(viii) पठनकाले छात्रावासे निवसन् तस्य पुत्रः रुग्णः अभवत्।

18. अधोलिखितवाक्येषु रेखाङ्कितपदानां प्रसङ्गानुकूलम् उचितार्थं चित्वा लिखत—(केवलं प्रश्नत्रयम्) [3 × 1 = 3]

(i) शतशकटीयानं कज्जलमलिनं धूमं <u>मुञ्चति</u>।

(क) भ्रमति **(ख)** त्यजति **(ग)** त्यजसि **(घ)** गच्छति

(ii) अत्र जीवितं <u>दुर्वहं</u> जातं प्रकृतिरेव मे शरणम्।

(क) कठिनं **(ख)** वाहनं **(ग)** सुखं **(घ)** दुर्योगं

(iii) त्वमपि किञ्चित् <u>गूढप्रदेशं</u> गच्छ।

(क) रहस्यस्थानं **(ख)** वनप्रदेशं **(ग)** स्वल्पं **(घ)** समूहं

प्रतिदर्श प्रश्न पत्र-3

हल सहित

अवधिः 3 होरा **पूर्णाङ्काः** 80

सामान्य निर्देशाः

1. *कृपया समयक्तया परीक्षणं कुर्वन्तु यत् अस्मिन् प्रश्नपत्रे 10 पृष्ठानि मुद्रितानि सन्ति।*
2. *कृपया समयक्तया परीक्षणं कुर्वन्तु यत् अस्मिन् प्रश्नपत्रे 18 प्रश्नाः सन्ति।*
3. *अस्मिन् प्रश्नपत्रे चत्वारः खण्डाः सन्ति।*

   'क' खण्डः अपठितावबोधनम् — 10 अङ्काः

   'ख' खण्डः रचतात्मककार्यम् — 15 अङ्काः

   'ग' खण्डः अनुप्रयुक्त व्याकरणम् — 25 अङ्काः

   'घ' खण्डः पठितावबोधनम् — 30 अङ्काः
4. *प्रत्येकं खण्डम् अधिकृत्य उत्तराणि एकस्मिन् स्थाने क्रमेण लेखनीयानि।*
5. *उत्तरलेखनात् पूर्व प्रश्नस्य क्रमाङ्कः अवश्यं लेखनीयः।*
6. *प्रश्नस्य क्रमाङ्कः प्रश्नपत्रानुसारम् एव लेखनीयः।*
7. *सर्वेषां प्रश्नानाम् उत्तराणि संस्कृतेन लेखनीयानि।*
8. *प्रश्नानां निर्देशाः ध्यानेन अवश्यं पठनीयाः।*

खण्डः 'क'

अपठितावबोधनम् (10 अङ्काः)

1. अधोलिखितं गद्यांशं पठित्वा प्रदत्तप्रश्नानाम् उत्तराणि संस्कृतेन लिखत— 10

प्रकृतिः अस्माकं सर्वेषां जननी अस्ति। एषा स्वप्राकृतिकसंसाधनैः व्यवस्थाभिः च अस्मान् पोषयति पालयति रक्षति च। यदा एतानि संसाधनानि नष्टानि प्रदूषितानि वा भवन्ति प्राकृतिक-व्यवस्था च भङ्गा भवति तदा जीवनाय सङ्कटः उत्पद्यते। अद्यत्वे अस्माकं पर्यावरणस्य प्रदूषणं निरन्तरं वर्धमानम् अस्ति। अद्य पर्यावरण-प्रदूषणं संसारस्य भीषणतमा समस्या अस्ति। प्राचीनकाले यद्यपि पर्यावरणस्य प्रदूषणस्य समस्या नासीत् तथापि वेदेषु स्थाने-स्थाने ऋषीणां पर्यावरण-विषयकं चिन्तनं दृश्यते। स्वच्छं पर्यावरणम् अस्माकं जीवनस्य आधारः अस्ति। पर्यावरणस्य आधाराः पुष्पिताः पल्लविताः वृक्षाः भवन्ति। वृक्षाः पर्यावरणं सन्तुलितं शुद्धं च कुर्वन्ति। वृक्षाः भूमेः जलं गृहणन्ति। वृक्षाणम् इदं जलं मेघानां निर्माणे सहायकं भवति। इत्थं वृक्षाः वर्षायै सहायकाः भवन्ति। वृक्षाः पुष्पाणां, फलानाम् औषधीना च स्रोताः सन्ति। ते अस्मभ्यं सर्वम् अर्पयन्ति। वृक्षाः रोपणीयाः इति उद्घोषयन्तः अपि वयं प्रतिदिनं तेषां कर्तनं पश्यामः इत्यस्ति चिन्तनीयः विषयः। अस्माभिः न विस्मरणीयं यत् वृक्षाः सत्पुरुषा इव।

(अ) एकपदेन उत्तरत-(केवलं प्रश्नद्वयम्) **[2 × 1 = 2]**

(i) अद्य संसारस्य भीषणतमा समस्या का अस्ति?

(ii) वृक्षाः कुतः जलं गृहणन्ति?

(iii) के अस्मभ्यं सर्वम् अर्पयन्ति?

(आ) पूर्णवाक्येन उत्तरत—(केवलं प्रश्नद्वयम्) **[2 × 2 = 4]**

(i) पर्यावरणस्य आधाराः के भवन्ति?

(ii) वृक्षाः केषाम् स्रोताः सन्ति?

(iii) वृक्षाः कथं वर्षायै सहायकाः भवन्ति?

(इ) अस्य अनुच्छेदस्य कृते उपयुक्त शीर्षकं संस्कृतेन लिखत। **1**

(ई) यथानिर्देशम् उत्तरत— **[3 × 1 = 3]**

(i) 'प्राचीनकाले यद्यपि पर्यावरणप्रदूषणस्य समस्या नासीत्' अत्र 'आसीत्' क्रियापदस्य कर्तृपदं किम्?

(क) प्राचीनकाले **(ख)** यद्यपि **(ग)** समस्या **(घ)** पर्यावरणप्रदूषणस्य

(ii) 'वयं प्रतिदिनं तेषां कर्तनं पश्यामः' अत्र क्रियापदं किम् अस्ति?

(क) कर्तनम् (ख) तेषाम् (ग) प्रतिदिनं (घ) पश्यामः

(iii) 'पर्यावरणम्' इति पदस्य किं विशेषणपदम्?

(क) वृक्षम् (ख) स्वच्छम् (ग) जलम् (घ) प्रदूषणम्

खण्ड : 'ख'

रचनात्मकं कार्यम् (15 अङ्काः)

2. (अ) **भवतः नाम तनिष्कः। भवतः विद्यालये संस्कृतनाटकस्य मञ्चनम् अभवत्। तदर्थं मित्रं दीपकम् प्रति लिखितं पत्रं मञ्जूषातः पदानां सहायतया पूरयित्वा उत्तरपुस्तिकायां लिखत—** [10 × ½ = 5]

मञ्जूषा

प्रशंसा, कृतवन्तः, श्रुत्वा, दिल्लीतः, मम, तनिष्कः, दीपक। छात्राः सस्नेहं नमः, मञ्चनम्।

अथवा

(आ) जलसंरक्षणस्य महत्त्वं वर्णयन्तः मित्रं प्रति लिखितं पत्रं मञ्जूषायां प्रदत्तपदैः पूरयित्वा पुनः लिखत—

देशस्य, प्रयतमानाः, अपव्ययम्, विचारयति, जागरूकता, प्रयासः, जानीमः जीवनम्, सह, अस्तु

3. (अ) **प्रदत्तं चित्रं दृष्ट्वा मञ्जूषायां प्रदत्तशब्दानां सहायतया पञ्च वाक्यानि संस्कृतेन लिखत—** [5 × 1 = 5]

मञ्जूषा

तरन्ति, स्वच्छम्, ग्रीष्मकाले, तरणतालस्य, जनाः, बालाः, कुर्वन्ति, प्रसन्नाः जलक्रीडाम्, जलम्, कन्दुकम्, सन्ति।

अथवा

(आ) निम्नलिखितं विषयमधिकृत्य मञ्जूषाप्रदत्तशब्दानां साहाय्येन न्यूनातिन्यूनं पञ्चभिः संस्कृतवाक्यैः एकम् अनुच्छेदं लिखत—

"दीपावलिः"

मञ्जूषा

दीपानां पंक्तिःजनाः, रात्रौ, पूजयन्ति, प्रतीकम्, मिष्टान्नम्, वितरन्ति, स्फोटयन्ति, दीपमालिकोत्सवः, उल्लासमयम्, अमावस्यायाम्, उत्साहेन, बालकाः अपि।

4. **अधोलिखितानी वाक्यानि संस्कृतभाषया अनूद्य लिखत—** [5 × 1 = 5]

(i) रसोइए ने भोजन पकाया।

The cook cooked food.

(ii) श्रमिक ने कठिन परिश्रम किया।

The labourer worked hard.

(iii) दो किसानों ने खेत जोता।
Two farmers ploughed the field.
(iv) हम सभी विद्यालय में खेलते हैं।
We all play in school
(v) बालक मित्र के साथ बाज़ार जाता है।
The boy goes to the market with his friend.

खण्ड : 'ग'

अनुप्रयुक्त व्याकरणम् (25 अङ्काः)

5. अधोलिखितवाक्येषु रेखाङ्कितपदेषु सन्धिं सन्धिच्छेदं वा कुरुत— [4 × 1 = 4]

(अ) **(i)** सङ्कोचमञ्चति सरः + त्वयि दीनदीनो।
(ii) किं नामधेयः + भवतोः गुरुः?
(iii) पाषाणी सभ्यता निसर्गे स्यान्न समाविष्टा।
(iv) ने + अनम्

अथवा

(आ) अधोलिखितवाक्युषे रेखाङ्कितपदेषु सन्धिं सन्धिच्छेदं वा कुरुत—
(i) ते चक्षुर्नामनी मते
(ii) सः कृच्छ्रेण भारम् उत् + वहति
(iii) दारुणश्च
(iv) यदि + अहम्

6. अधोलिखितवाक्येषु रेखाङ्कितपदानां समासं विग्रहं वा प्रदत्तविकल्पेभयः चित्वा लिखत— [4 × 1 = 4]

(i) सः भारवेदनया क्रन्दति स्म।
(क) भारम् वेदनया **(ख)** भारस्य वेदनया **(ग)** भारेण वेदनया **(घ)** भाराय वेदनया
(ii) प्रस्तरतले लतातरुगुल्मा मे भवन्तु पिष्टाः।
(क) लता च तरुः च **(ख)** लता च तरवः च **(ग)** लताः च गुल्माः च **(घ)** लताः च तरवः च गुल्माः च
(iii) रामस्य समीपम् उपसृत्य प्रणम्य च।
(क) उपरामम् **(ख)** उपरामेण **(ग)** उपरामः **(घ)** उपरामस्य
(iv) को भेदः पिकः च काकः च तयोः।
(क) पिककाकम् **(ख)** पिककाकयोः **(ग)** पिककाकस्य **(घ)** पिककाकाः
(v) विमूढधीः मधुरं न वदति।
(क) विमूढा धीः **(ख)** विमूढः धी **(ग)** विमूढाः धियः **(घ)** विमूढा धीः यस्य सः

7. अधोलिखितवाक्येषु रेखाङ्कितपदानां प्रकृति-प्रत्ययौ संयोज्य विभज्य वा उचितम् उत्तरं विकल्पेभ्यः चित्वा लिखत— [4 × 1 = 4]

(i) पुरा गार्गी नाम विदुषी आसीत्।
(क) विदुष् + ई **(ख)** विद्वस् + ङीप् **(ग)** विद्वस् + टाप् **(घ)** विद्वस् + तल्
(ii) बुद्धिमान् लोके मुच्यते महतो भयात्।
(क) बुद्धि + तल् **(ख)** बुद्धि + टाप् **(ग)** बुद्धि + मतुप् **(घ)** बुद्धि + त्व
(iii) मनुष्यः समाजः + ठक् प्राणी अस्ति।
(क) सामाजिका **(ख)** सामाजिकी **(ग)** सामाजिकम् **(घ)** सामाजिकः
(iv) सीता श्रु + क्तवतु
(क) श्रुतवान् **(ख)** श्रुतवती **(ग)** श्रुतवत् **(घ)** क

8. वाच्यानुसारम् उचितपदैः रिक्तस्थानानि पूरयित्वा अधोलिखित-वाक्यानि पुनः लिखत— [3 × 1 = 3]

(i) सुनीतया आभूषणं ....।
(क) धारयते **(ख)** धारयन्ते **(ग)** धारयेते **(घ)** धारयति
(ii) तत्र त्वया किमर्थं ....?
(क) गच्छामि **(ख)** गच्छतिः **(ग)** गच्छसि **(घ)** गम्यते
(iii) तेन .... कथितः।
(क) साधुभि **(ख)** साधुं **(ग)** साधुः **(घ)** साधुनि

9. कालबोधकशब्दैः अधोलिखित-दिनचर्यां पूरयत— [4 × 1 = 4]

(i) .... (8:00) वादने सः गृहं प्रत्यागच्छति।

(ii) तस्य प्रथमा कक्ष्या .... (9:30) वादने भवति।

(iii) .... (12:45) वादने सः अध्ययनकार्यात् मुक्तो भवति।

(iv) सः .... (2:15) वादने क्रीडितुं क्रीडाक्षेत्रं गच्छति।

10. मञ्जूषायां प्रदत्तैः उचितैः अव्ययपदैः अधोलिखितवाक्येषु रिक्तस्थानानि पूरयत— [3 × 1 = 3]

(i) .... मा वद।

(ii) भवान् .... किं करोति?

(iii) रमेशः पुस्तकं लेखनीं .... क्रीणाति।

मञ्जूषा

उच्चैः च, इदानीम्

11. अधोलिखितवाक्येषु रेखाङ्कित अशुद्धपदाय उचितपदं चित्वा वाक्यानि पुनः लिखत— [3 × 1 = 3]

(i) त्वं पुत्र अध्ययने संलग्ना अस्ति।

(क) ते **(ख)** सः **(ग)** तौ **(घ)** तम्

(ii) श्वः रामः विद्यालयं **गच्छति।**

(क) गमिष्यति **(ख)** गमिष्यन्तिः **(ग)** गमिष्यामः **(घ)** गमिष्यामि

(iii) त्वं **सर्वे** पुस्तकानि आदाय आगच्छ।

(क) सर्वा **(ख)** सर्वे **(ग)** सर्वम् **(घ)** सर्वाणि

खण्ड : 'घ'

पठितावबोधनम् (30 अङ्काः)

12. अधोलिखितं गद्यांशं पठित्वा प्रदत्तप्रश्नानाम् उत्तराणि संस्कृतेन लिखत— [5]

अग्रिमे दिने स आरक्षी चौर्याभियोगे तं न्यायालयं नीतवान्। न्यायाधीशों बङ्किमचन्द्रः उभाभ्यां पृथक्-पृथक् विवरणं श्रुतवान्। सर्वं वृत्तमवगत्य स तं निर्दोषम् अमन्यत आरक्षिणं च दोषभाजनम्। किन्तु प्रमाणाभावात् स निर्णेतुं नाशक्नोत्। ततोऽसौ तौ अग्रिमे दिने उपस्थातुम् आदिष्टवान्। अन्येद्युः तौ न्यायालये स्व-स्व-पक्षं पुनः स्थापितवन्तौ। तदैव कश्चिद् तत्रत्यः कर्मचारी समागत्य न्यवेदयत् यत् इतः क्रोशद्वयान्तराले कश्चिज्जनः केनापि हतः। तस्य मृतशरीरं राजमार्गं निकषा वर्तते। आदिश्यतां किं करणीयमिति? न्यायाधीशः आरक्षिणम् अभियुक्तं च तं शवं न्यायालये आनेतुमादिष्टवान्। आदेशं प्राप्य उभौ प्राचलताम्। तत्रोपेत्य काष्ठपटले निहितं पटाच्छादितं देहं स्कन्धेन वहन्तौ न्यायाधिकरणं प्रति प्रस्थितौ।

(i) एकपदेन उत्तरत— (केवलं प्रश्नद्वयम्) [2 × ½ = 1]

(क) न्यायाधीशः कं दोषभाजनम् अमन्यत?

(ख) आरक्षी चौर्याभियोगे तं जनं कुत्र नीतवान्?

(ग) न्यायाधीशः आरक्षिणम् अभियुक्तं च किम् आनेतुम् आदिष्टवान्?

(ii) पूर्णवाक्येन उत्तरत—(केवलं प्रश्नद्वयम्) [2 × 1 = 2]

(क) उभौ कथं न्यायाधिकरणं प्रति प्रस्थितौ?

(ख) कर्मचारी समागत्य किं न्यवेदयत्?

(ग) न्यायाधीशों बङ्किमचन्द्र किं श्रुतवान?

(iii) निर्देशानुसारम् उत्तरत— [2 × 1 = 2]

(अ) (क) 'अमन्यत' इत्यस्य क्रियापदस्य कर्तृपदं किम्?

(ख) 'पटाच्छादितम्' इति विशेषणपदस्य किं विशेष्यपदं प्रयुक्तम्?

अथवा

(आ) (क) 'समीपम्' इति पदस्य अत्र किम् पर्याय प्रयुक्तः?

(ख) 'श्रुतवान्' इति पदस्य कर्त्तृपदं किम्?

13. अधोलिखितं पद्यं पठित्वा प्रदत्तप्रश्नानाम् उत्तराणि संस्कृतेन लिखत। [5]

वायुमण्डलं भृशं दूषितं न हि निर्मलं जलम्।
कुत्सितवस्तुमिश्रितं भक्ष्यं समलं धरातलम्।।
करणीयं बहिरन्तर्जगति तु बहु शुद्धीकरणम्। शुचि ...।।

(i) **एकपदेन उत्तरत— (केवलं प्रश्नद्वयम्)** [2 × ½ = 1]

(क) जलं कीदृशं न अस्ति?

(ख) समलं किम् अभवत्?

(ग) भृशं दूषितं किम् अस्ति?

(ii) **पूणवाक्येन उत्तरत—(केवलं पश्नद्वयम्)** [2 × 1 = 2]

(क) मनुष्यैः किं करणीयम्?

(ख) भक्ष्यं कीदृशं जातम्?

(ग) शुद्धीकरणं कुत्र करणीयम्?

(iii) **निर्देशानुसारम् उत्तरत—** [2 × 1 = 2]

(अ) (क) 'बहु' इति पदस्य पर्यायपदं किमस्ति?

(ख) 'अन्तर्' इति पदस्य विपर्ययपदं किम्?

अथवा

(आ) (क) 'जलम्' इति पदस्य विशेषणपदं किम्?

(ख) 'निर्मलम्' इति पदस्य श्लोके विपर्ययपदं किम्?

14. अधोलिखितं नाट्यांशं पठित्वा प्रदत्तप्रश्नानाम् उत्तराणि संस्कृतेन लिखत्— [5]

वनस्य दृश्यम्। समीपे एवैका नदी वहति। एकः सिंहः सुखने विश्राम्यते तदैव एकः वानरः आगत्य तस्य पुच्छं धुनाति। क्रुद्धः सिंहः तं प्रहर्तुमिच्छति परं वानरस्तु कूर्दित्वा वृक्षमारूढः। तदैव अन्यस्मात् वृक्षात् अपरः वानरः सिंहस्य कर्णमाकृष्य पुनः वृक्षोपरि आरोहति। एवमेव वानराः वारं वारं सिंहं तुदन्ति।

क्रुद्धः सिंहः इतस्ततः धावति, गर्जति परं किमपि कर्तुमसमर्थः एव तिष्ठति। वानराः हसन्ति वृक्षोपरि च विविधाः पक्षिणः अपि सिंहस्य एतादृशीं दशां दृष्ट्वा हर्षमिश्रितं कलरवं कुर्वन्ति।

(i) **एकपदेन उत्तरत—(केवलं प्रश्नद्वयम्)** [2 × ½ = 1]

(क) वनस्य समीपे का वहति?

(ख) कः सुखेन विश्राम्यते?

(ग) वानरः सिंहस्य कर्णमाकृष्य कुत्र आरोहति?

(ii) **पूर्णवाक्येन उत्तरत—(केवलं प्रश्नद्वयम्)** [2 × 1 = 2]

(क) क्रुद्ध सिंहः कं प्रहर्तुमिच्छति?

(ख) हर्ष मिश्रितं कलरवं के कुर्वन्ति?

(ग) "क्रुद्धः सिंहः इतस्ततः धावति" इत्यस्मिन् वाक्ये क्रियापदं किम्?

(iii) **निर्देशानुसारम् उत्तरत—** [2 × 1 = 2]

(अ) (क) अन्यः इति पदस्थ अत्र किम् प्रयुक्तम्?

(ख) 'क्रुद्ध सिंह' अत्र विशेषण व विशेष्य पदम् किम्?

अथवा

(आ) (क) तुदन्ति इति क्रियाया कर्तृपदं किम्?

(ख) 'कलरवं' इति पदस्य विशेषण पदं किम् प्रयुक्तम्।

15. अधोलिखित-रेखाङ्कितपदानि आधृत्य प्रश्ननिर्माणं कुरुत— [4 × 1 = 4]

(क) उभौ शवं <u>चत्वरे</u> स्थापित्वन्तौ।

(ख) न्यायाधीशः <u>**बंकिमचन्द्रः**</u> आसीत्।

(ग) जनकेन <u>सुताय</u> शैशवे विद्याधनं दीयते।

(घ) सः ऋषभः हलमूढ्वा गन्तुमशक्तः <u>क्षेत्रे</u> पपात।

16. (अ) **मञ्जूषातः समुचितपदानि चित्वा अधोलिखित-श्लोकस्य अन्वयं पूरयित्वा पुनः लिखत—** [4 × 1 = 4]

'प्रस्तरतले लतातरुगुल्मा नो भवन्तु पिष्टाः।'

पाषाणी सभ्यता निसर्गे स्यान्न समाविष्टा।।

मानवाय जीवनं कामये नो जीवन्मरणम् । शुचि।।

मञ्जूषा

पाषाणी, स्यात्, लतातरुगुल्माः भवन्तु

अन्वयः — **(i)** .... प्रस्तरतले पिष्टाः नो **(ii)** .... । निसर्गे **(iii)** .... सभ्यता समाविष्टा न **(iv)** .... । मानवाय जीवनं कामये नो जीवन्मरणम्।

अथवा

(आ) अधोलिखितश्लोकस्य भावार्थे रिक्तस्थानानि मञ्जूषायाः साहाय्येन पूरयित्वा पुनः लिखत—

एक एव खगो मानी वने वसति चातकः।

पिपासितो वा म्रियते याचते वा पुरन्दरम्।।

मञ्जूषा

चातकः, एकः, पिपासितः, इन्द्रदेवम्

भवार्थः — वने केवलम् **(i)** .... एवं **(ii)** .... स्वाभिमानी पक्षी वसति। सः **(iii)** .... वा म्रियते अथवा केवलं जलं **(iv)** .... याचते अर्थात् सः सर्वं न याचते।

17. अधोलिखित-कथांशं समुचित-क्रमेण लिखत— [8 × ½ = 4]

(i) निर्धनस्य पुत्रः छात्रावासे निवसन् अध्ययने संलग्नो जातः।
(ii) तेन वित्तेन स्वपुत्रं एकस्मिन् महाविद्यालये प्रवेशं कारितवान्।
(iii) कश्चन निर्धनः जनः परिश्रमेण किञ्चित् धनम् अर्जितवान्।
(iv) पुत्रस्य रुग्णतां श्रुत्वा पिता व्याकुलो जातः।
(v) पुत्रः छात्रावासे रुग्णः जातः।
(vi) साङ्यकाले जातः परं गन्तव्यात् सः पुत्रः दूरे आसीत्।
(vii) निर्धनः स्वपुत्रं द्रष्टुं पदातिः एव प्राचलत्।
(viii) सः पार्श्वस्थिते ग्रामे रात्रिनिवासं कर्तुं कमपि गृहम् उपागतः।

18. अधोलिखितवाक्येषु रेखाङ्कितपदानां प्रसङ्गानुकूलम् उचितार्थं चित्वा लिखा—(केवलं प्रश्नत्रयम्) [3 × 1 = 3]

(i) तस्य <u>**भार्या**</u> बुद्धिमती पितुर्गृहं प्रति चलिता।

(क) पत्नी **(ख)** भगिनी **(ग)** भ्राता **(घ)** भारः

(ii) मा <u>**ब्रूहि**</u> दीनं वचः।

(क) बाला **(ख)** बालः **(ग)** वद **(घ)** वाहकः

(iii) एतेन आरक्षिणा <u>**अध्वनि**</u> यदुक्तं तद् वर्णयामि।

(क) धमनम् **(ख)** मार्गे **(ग)** धनम् **(घ)** धारा

■■

प्रतिदर्श प्रश्न पत्र-4

हल सहित

अवधिः 3 होरा **पूर्णाङ्काः** 80

सामान्य निर्देशाः

1. *कृपया समयक्तया परीक्षणं कुर्वन्तु यत् अस्मिन् प्रश्नपत्रे 10 पृष्ठानि मुद्रितानि सन्ति।*
2. *कृपया समयक्तया परीक्षणं कुर्वन्तु यत् अस्मिन् प्रश्नपत्रे 18 प्रश्नाः सन्ति।*
3. *अस्मिन् प्रश्नपत्रे चत्वारः खण्डाः सन्ति।*
   'क' खण्डः अपठितावबोधनम् — 10 अङ्काः
   'ख' खण्डः रचतात्मककार्यम् — 15 अङ्काः
   'ग' खण्डः अनुप्रयुक्त व्याकरणम् — 25 अङ्काः
   'घ' खण्डः पठितावबोधनम् — 30 अङ्काः
4. *प्रत्येकं खण्डम् अधिकृत्य उत्तराणि एकस्मिन् स्थाने क्रमेण लेखनीयानि।*
5. *उत्तरलेखनात् पूर्व प्रश्नस्य क्रमाङ्कः अवश्यं लेखनीयः।*
6. *प्रश्नस्य क्रमाङ्कः प्रश्नपत्रानुसारम् एव लेखनीयः।*
7. *सर्वेषां प्रश्नानाम् उत्तराणि संस्कृतेन लेखनीयानि।*
8. *प्रश्नानां निर्देशाः ध्यानेन अवश्यं पठनीयाः।*

खण्डः 'क'

अपठितावबोधनम् (10 अङ्काः)

1. अधोलिखितं गद्यांशं पठित्वा प्रदत्तप्रश्नानाम् उत्तराणि संस्कृतेन लिखत— **[10]**

सेवाधर्मः परमधर्मः। सेवायाः अयमेव अभिप्रायः यत् मानवः सम्यक् परस्परं साहाय्यं कुर्यात्। सर्वो हि विविधरूपेण सक्षमः स्वक्षमतया परेभ्यः सहयोगप्रदानं हि जीवनस्य सार्थक्यम् उद्देश्यं भवति। सेवा द्विविधा भवति। पारमार्थिकी लौकिकी च पारमार्थिकसेवया महात्मानः जनेभ्यः ज्ञानं यच्छन्ति। ते हि तेषां दोषनिवारणार्थं पारस्परिकं वैमनस्यं च दूरीकर्तु प्रयतन्तं सांसारिक-सम्बन्धेषु मानवतायाः भावनायाः विकासाय लौकिकसेवाया अपि महत्त्वम् वर्तते। कस्यचिद् असहायस्य सेवा लौकिकी-सेवा भवति। अनया समाजे शोभनाः सम्बन्धाः जायन्ते। जनानां पारस्परिक-समस्यानां समाधनमपि भवति। जना सदैव एतदेव चिन्तयन्तु यद् यावद् वयं स्वस्थाः सक्षमाः तावद् अस्माकं परेषां सर्वथा हितचिन्तनमेव सेवाधर्मो भवेत 'सर्वे भवन्तु सुखिनः' इत्येव भावनया वयं सततं जागरूकाः भवेम।

(अ) एकपदेन उत्तरत—(केवलं प्रश्नद्वयम्) **[2 × 1 = 2]**

(i) अस्माकं परमधर्मः कः?
(ii) महात्मानः जनेभ्यः किं यच्छन्ति?
(iii) कस्य सेवा लौकिकी-सेवा भवति?

(आ) पूर्णवाक्येन उत्तरत—(केवलं प्रश्नद्वयम्) **[2 × 2 = 4]**

(i) जीवनस्य सार्थक्यम् उद्देश्यं कि भवति?
(ii) सेवायाः अभिप्रायः कः?
(iii) वयं सततं कथं जागरूकाः भवेम?

(इ) अस्य गद्यांशस्य उचितं शीर्षकं संस्कृतेन लिखत। **[1]**

(ई) यथानिर्देशम् उत्तरत—(केवलं प्रश्नत्रयम्) **[3 × 1 = 3]**

(i) 'अक्षमः' इति पदस्य विपर्ययपदं चिनुतः
(क) सक्षमः **(ख)** अभिप्रायः **(ग)** मानवः **(घ)** शोभनः

(ii) 'पारस्परिकम्' इति विशेषणस्य विशेष्यपदं चिनुत:

(क) परेषाम् (ख) वैमनस्यम् (ग) ज्ञानम् (घ) समाधानम्

(iii) 'चिन्तयन्तु' इति क्रियापदस्य कर्तृपदं चिनुत:

(क) परेभ्य: (ख) मानव: (ग) जना: (घ) सक्षमा:

खण्ड : 'ख'

रचनात्मकं कार्यम् (15 अङ्का:)

2. (अ) **भवान् गोपाल:। भवतां विद्यालये आयोज्यमाने वार्षिकोत्सवे संस्कृतनाटकस्य मञ्चनं भविष्यति। अस्मिन्नवसरे स्वमित्राय प्रेषिते निमन्त्रणपत्रे मञ्जूषाप्रदतपदै: पूरयित्वा पुनः लिखत—** [10 × ½ = 5]

मञ्जूषा

आनन्दम्, नमोनम:, विद्यालयस्य आगन्तव्यम्, विरचितस्य, प्रणामाञ्जलय: मञ्चनम् अङ्क: भूमिकाम्, पूर्वाभ्यास:।

अथवा

(आ) **चोरितस्य स्यूतस्य प्राथमिक-सूचनार्थम् आरक्ष्यधिकारिणं प्रति पत्रं लिखत।**

मञ्जूषा

प्रात:, विश्वविद्यालय, रूप्यकाणि, परिचय-पत्रं, दिल्लीनगरम्

3. (अ) **प्रदतं चित्रं दृष्ट्वा मञ्जूषायां प्रदत्तशब्दानां सहायतया पञ्च वाक्यानि संस्कृतेन लिखत—** [5 × 1 = 5]

मञ्जूषा

वृक्षेषु, मण्डूक:, तिस्र:, जलगर्तस्य, नृत्यति, इन्द्रधनुष:, दोलाभि: टर्र-टर्र इति शब्दम्, श्रावणमासस्य, वर्षाया: अनुभवन्ति, कुर्वन्ति।

अथवा

(आ) **निम्नलिखितं विषयमधिकृत्य मञ्जूषाप्रदत्तशब्दानां साहाय्येन न्यूनातिन्यूनं पञ्चभि: संस्कृतवाक्यै: एकम् अनुच्छेदं लिखत—**

'स्वच्छता'

मञ्जूषा

जीवन:, स्वगृहं, अवधानं, जागरूक:, विद्यालयं

4. **अधोलिखितानि वाक्यानि संस्कृतभाषया अनूद्य लिखत—** [5 × 1 = 5]

(i) आजकल तुम कहाँ रहते हो?
Where do you stay now-a-days?

(ii) हमारे विद्यालय में वार्षिकोत्सव है।
There is annual function in our school.

(iii) परिश्रमी सदैव सफल होता है।
Laborious people always succeed.

(iv) गंगा का जल पवित्र होता है।
The water of Ganga is pure.

(v) विद्या के बिना जीवन व्यर्थ है।
Life is futile without knowledge.

खण्ड : 'ग'

अनुप्रयुक्त व्याकरणम्

(25 अङ्काः)

5. **(अ) अधोलिखितवाक्येषु रेखाङ्कितपदेषु सन्धिं सन्धिच्छेदं वा कुरुत—** [4 × 1 = 4]

(i) **न + उत्थितः**

(ii) त्वया महत्कौतुकम् आवेदितं **यत् + मानुषादपि** विभेषि ?

(iii) अतिदीर्घः **प्रवासः + अयं** दारुणश्च।

(iv) अचिरादेव चण्डवातेन **मेघरवैश्च** प्रवर्षः समजायत।

अथवा

(आ) अधोलिखितवाक्युषे रेखाङ्कितपदेषु सन्धिं सन्धिच्छेदं वा कुरुत—

(i) **अयमेकः + तावत्** विभज्य भुज्यताम्।

(ii) महानगरमध्ये **चलदनिशं** कालायसचक्रम्।

(iii) **पिपासितः + वा**।

(iv) **कृतोपकारः**।

6. **अधोलिखितवाक्येषु रेखाङ्कितपदानां समासं विग्रहं वा प्रदत्तविकल्पेभ्यः चित्वा लिखत—** [4 × 1 = 4]

(i) सर्वथा समरूपः कुटुम्बवृतान्तः।
(क) कुटुम्बः वृतान्तः **(ख)** कुटुम्बाय वृतान्तः **(ग)** कुटुम्बस्य वृतान्तः **(घ)** कुटुम्बम् वृतान्तम्

(ii) **समानं शीलं व्यसनं येषां तेषु** सख्यम्।
(क) समानशीलव्यसनेषु **(ख)** समानशीलव्यसनम् **(ग)** समानशीलव्यसनानि **(घ)** समानशीलव्यसनेभ्यः

(iii) न हि **निर्मलं** जलम्।
(क) मलस्य योग्यम् **(ख)** मलस्य अभावः **(ग)** मलं प्रति **(घ)** मलम् अनतिक्रम्य

(iv) **व्याघ्रचित्रकौ** नदीजलं पातुम् आगतौ।
(क) व्याघ्रौ चित्रकौ च **(ख)** व्याघ्रः च चित्रकौ च **(ग)** व्याघ्रौ च चित्रकः च **(घ)** व्याघ्रः च चित्रकः च

7. **अधोलिखितवाक्येषु रेखाङ्क्तिपदानां प्रकृति-प्रत्ययौ संयोज्य विभज्य वा उचितम् उत्तरं विकल्पेभ्यः चित्वा लिखत—** [4 × 1 = 4]

(i) बालकेन पुस्तकम् **पठितव्यम्।**
(क) पठ् + अनीयम् **(ख)** पठ् + तव्यत् **(ग)** पाठन्तु मतुप् **(घ)** पठ् + क्त

(ii) सर्वेषामेव मत्कृते **महत् + त्वं** विद्यते।
(क) महत्ता **(ख)** महत्त्वम् **(ग)** महत्त्वः **(घ)** महात्वम्

(iii) किं **नामधेया** युवयोर्जननी।
(क) नामधेय + तल् **(ख)** नामधेय + त्व **(ग)** नामधेय + कत्वा **(घ)** नामधेय + टाप्

(iv) देशस्य सेवा सर्वेषां **नीति + ठक्** कर्तव्यम् भवेत्।
(क) नैतिकम् **(ख)** नैतिकी **(ग)** नैतिकः **(घ)** नैतिक

8. **वाच्यानुसारम् उचितपदैः रिक्तस्थानानि पूरयित्वा अधोलिखित-वाक्यानि पुनः लिखत—** [3 × 1 = 3]

(i) त्वया बन्यं ....।
(क) कथयति **(ख)** कथयन्ति **(ग)** कथयते **(घ)** कथयन्तः

(ii) .... पित्रा सह विद्यालयं गच्छामि।

(क) अहम् (ख) त्व (ग) मया (घ) त्वाम्

(iii) .... पिकस्य सन्तति पालयति।

(क) काक: (ख) काकस्य (ग) काका: (घ) काकेन

9. कालबोधकशब्दैः अधोलिखित-दिनचर्यां पूरयत— [4 × 1 = 4]

(i) छात्रा: .... (11:30) मध्याह्न भोजनं कुर्वन्ति।

(ii) शिक्षक: .... (10:15) श्लोकं पाठयति।

(iii) माता .... (9:00) मन्दिरं गच्छति।

(iv) माला गृहे सायं .... (6:30) सङ्गीताभ्यासं करोति।

10. मञ्जूषायां प्रदत्तैः उचितैः अव्ययपदैः अधोलिखितवाक्येषु रिक्तस्थानानि पूरयत— [3 × 1 = 3]

(i) विद्यालये .... कार्यक्रम: भविष्यति।

(ii) .... वृष्टि: प्रारभत।

(iii) धनस्य .... प्रयोगं मा कुर्यु:।

मञ्जूषा

सहसा, वृथा, श्व:,

11. अधोलिखितवाक्येषु रेखाङ्कित-अशुद्धपदाय उचितपदं चित्वा वाक्यानि पुनः लिखत— [3 × 1 = 3]

(i) राजेन्द्र: पाठं <u>पाठयन्ति</u>?

(क) पाठयति (ख) पाठयामि (ग) पाठयसि (घ) पाठन्ति

(ii) मुकेश: **<u>उन्नतम्</u>** अस्ति।

(क) उन्नता (ख) उन्नत: (ग) उन्नति: (घ) उन्नताम्

(iii) सुरेशमहोदया श्व: च **<u>आगच्छत्</u>**।

(क) आगमिष्यति (ख) आगच्छति (ग) आगच्छन् (घ) आगच्छत:

खण्ड : 'घ'

पठितावबोधनम् (30 अङ्का:)

12. अधोलिखितं गद्यांशं पठित्वा प्रदत्तप्रश्नानाम् उत्तराणि संस्कृतेन लिखत— 5

आरक्षी सुपुष्टदेह आसीत्, अभियुक्तश्च अतीव कृशकाय:। भारवत: शवस्य स्कन्धेन वहनं तत्कृते दुष्करम् आसीत्। स भारवेदनया क्रन्दति स्म। तस्य क्रन्दनं निशम्य मुदित आरक्षी तमुवाच "रे दुष्ट। तस्मिन् दिने त्वयाऽहं चोरिताया मञ्जूषाया ग्रहणाद् वारित:। इदानीं निजकृत्यस्य फलं भुङ्क्ष्व। अस्मिन् चौर्याभियोगे त्वं वर्षत्रस्य कारादण्डं लप्स्यसे" इति प्रोच्य उच्चै: असहत्। यथाकथञ्चिद् उभौ शवमानीय एकस्मिन् चत्वरे स्थापितवन्तौ। न्यायाधीशेन पुनस्तौ घटनाया: विषये वक्तुमादिष्टौ। आरक्षिणि निजपक्षं प्रस्तुतवति आश्चर्यम् अघटत् स शव: प्रावारकमपसार्य न्यायाधीशमभिवाद्य निवेदितवान् मान्यवर। एतेन आरक्षिणा अध्वनि यदुक्तं तद् वर्णयामि 'त्वयाऽहं चोरिताया: मन्जूषाया: ग्रहणाद् वारित:, अत: निजकृत्यस्य फलं भुङ्क्ष्व।'

(i) **एकपदेन उत्तरत—(केवलं प्रश्नद्वयम्)** [2 × ½ = 1]

(क) सुपुष्टदेह: क: आसीत्?

(ख) अभियुक्ताय भारवत: कस्य वहनं दुष्करम् आसीत्।

(ग) कृशकाय: क: आसीत्?

(ii) **पूर्णवाक्येन उत्तरत—(केवलं प्रश्नद्वयम्)** [2 × 1 = 2]

(क) आरक्षी अभियुक्तं प्रति दण्डविषये किम् प्रोच्य उच्चै: अहसत्?

(ख) अभियुक्त: कया क्रन्दति स्म?

(ग) उभौ शवम् आनीय कुत्र स्थापितवन्ती?

(iii) **निर्देशानुसारम् उत्तरत—** [2 × 1 = 2]

(अ) (क) त्वं वर्षत्रयस्य कारादण्डं लप्स्यसे अत्र वाक्ये कर्तृपदं किम्?

(ख) 'चोरिताया:' इति विशेषणपदस्य विशेष्यपदं किम्?

अथवा

(आ) (क) 'प्रणम्य' इति पदस्य कि पर्यायपदं गद्यांशे प्रयुक्तम्?

(ख) 'मार्गे' इति पदस्य किम् पर्यायपदं गद्यांशे प्रयुक्तम्?

13. अधोलिखितं पद्यांशं प्रदत्तप्रश्नानाम् उत्तराणि संस्कृतेन लिखत— [5]

उदीरितोऽर्थः पशुनापि गृह्यते, हयाश्च नागाश्च वहन्ति बोधिताः।
अनुक्तमप्यूहति पण्डितो जनः, परेङ्गितज्ञानफला हि बुद्धयः।।

(i) **एकपदेन उत्तरत—(केवलं प्रश्नद्वयम्)** [2 × ½ = 1]

(क) कीदृशाः नागाः वहन्ति?

(ख) पशुना कीदृशः अर्थ गृह्यते?

(ग) परेङ्गितज्ञानफलाः काः भवन्ति?

(ii) **पूर्णवाक्येन उत्तरत—(केवलं प्रश्नद्वयम्)** [2 × 1 = 2]

(क) पण्डितः जनः किं करोति?

(ख) मतयः कीदृश्यः भवन्ति?

(ग) के के बोधिताः भारं वहन्ति?

(iii) **निर्देशानुसारम् उत्तरत—** [2 × 1 = 2]

(अ) (क) 'नागाश्च वहन्ति बोधिताः' अस्मिन् वाक्ये क्रियापदं किम्?

(ख) 'गजाः' इत्यस्य किं पर्यायपदं प्रयुक्तम्?

अथवा

(आ) (क) 'पण्डितः' इत्यस्य विशेष्यपदं चित्वा लिखत।

(ख) 'अश्वाः' इति पदस्य किम् पर्यायपदं प्रयुक्तम्?

14. (एतस्मिन्नेव काले व्याघ्रचित्रकौ अपि नदीजलं पातुमागतौ एतं विवादं श्रुणुतः वदतः च)! [5]

व्याघ्रचित्रकौ — अरे किं वनराजपदाय सुपात्रं चीयते? एतदर्थं तु आवामेव योग्यौ। यस्य कस्यापि चयनं कुर्वन्तु सर्वसम्मत्या।

सिंह — तूष्णीं भव भोः। युवामपि मत्सदृशौ भक्षकौ न तु रक्षकौ। एते वन्यजीवाः भक्षकं रक्षकपदयोग्यं न मन्यन्ते अतएव विचारविमर्शः प्रचलति।

बकः — सर्वथा सम्यगुक्तम् सिंहमहोदयेन। वस्तुतः एव सिंहेन बहुकालपर्यन्तं शासनं कृतम् परमधुना तु कोऽपि पक्षी एवं राजेति निश्चेतव्यम् अत्र तु संशीतिलेशस्यापि अवकाशः एव नास्ति।

सर्वे पक्षिणः — आम् आम् — कश्चित् खगः एव वनराजः भविष्यति इति।

(i) **एकपदेन उत्तरत—(केवलं प्रश्नद्वयम्)** [2 × ½ = 1]

(क) कौ नदीजलं पातुमागतौ?

(ख) 'तूष्णीं भव' इति कः कथयति?

(ग) किमर्थं सुपात्रं चीयते?

(ii) **पूर्णवाक्येन उत्तरत—(केवलं प्रश्नद्वयम्)** [2 × 1 = 2]

(क) तत्र किमर्थ विचारविमर्शः प्रचलित?

(ख) अधुना किं निश्चेतव्यम्?

(ग) सर्वे पक्षिणः किं कथयन्ति?

(iii) **निर्देशानुसारम् उत्तरत—** [2 × 1 = 2]

(अ) (क) 'एतस्मिन्नेव काले व्याध्रचित्रकौ अपि नदीजलं पातुम् आगतौ' वाक्ये किं कर्तृपदम् प्रयुक्तम्?

(ख) 'पक्षिणः' इति विशेष्यपदस्य विशेषणपदं किम्?

अथवा

(आ) (क) 'कलहम्' इति पदस्य कि पर्यायपदं गद्यांशे प्रयुक्तम्?

(ख) 'रक्षकौ' विपर्यय अत्र किम् प्रयुक्तम्।

15. अधोलिखित-रेखाङ्कितपदानि आधृत्य प्रश्ननिर्माणं कुरुत— [4 × 1 = 4]

(i) अयम् <u>अन्येभ्यो</u> दुर्बलः।

(ii) पुरा त्वया <u>मह्यं</u> व्याघ्रत्रयं दत्तम्।

(iii) <u>चातकः</u> वने वसति।

(iv) तपोवनवासिनः जननीं <u>देवीनाम्ना</u> आह्वयन्ति।

16. (अ) **अधोलिखितश्लोकस्य भावार्थे रिक्तस्थानानि मञ्जूषायाः साहाय्येन पूरयित्वा पुनः लिखत—**

सम्पत्तौ च विपत्तौ च महतामेकरूपता।
उदये सविता रक्तो रक्तश्चास्तमये तथा।।

भावार्थः —यः मन्त्री **(i)** .... सम्भाषणे चतुरः धैर्ययुक्तः, **(ii)** .... च भवति, सः मन्त्री **(iii)** .... कथमपि **(iv)** .... न शक्यते।

मञ्जूषा

सभायाम्, निर्भीक, विरोधिमिः, तिरस्कर्तुम्।

अथवा

(आ) **मञ्जूषातः समुचितपदानि चित्वा अधोलिखित-श्लोकस्य अन्वयं पूरयित्वा पुनः लिखत—** [4 × 1 = 4]

वाक्पटुधैर्यवान् मन्त्री सभायामप्यकातरः।
स केनापि प्रकारेण परैर्न परिभूयते।।

अन्वयः — महतां **(i)** .... च विपतौ च **(ii)** ....। सविता **(iii)** .... रक्तः तथा अस्तमये च **(iv)** .... (भवति)।

मञ्जूषा

उदये, सम्पत्तौ, रक्तः, एकरूपता

17. अधोलिखितानि वाक्यानि घटनाक्रमानुसारं संयोज्य पुनः लिखत— [8 × ½ = 4]

(i) कृषकः तं दुर्बलं वृषभं तोदनेन अवर्तत।
(ii) तस्य समीपे द्वौ बलीवर्दौ आस्ताम्।
(iii) एकः कृषकः आसीत्।
(iv) भूमौ स्वपुत्रं पतितं दृष्ट्वा माता सुरभिः अश्रूणि अमुञ्चत्।
(v) सः जवेन गन्तुम् अशक्तः च आसीत्।
(vi) कृषकः तमुत्थापयितुम् बहुवारं यत्नमकरोत् तथापि सः नोत्थितः।
(vii) सः वृषभः हलमूढ्वा गन्तुम् अशक्तः क्षेत्रे पपात।
(viii) तयोः बलीवर्दयोः एकः शरीरेण दुर्बलः आसीत्।

18. अधोलिखितवाक्येषु रेखाङ्कितपदानां प्रसङ्गानुकूलम् उचितार्थं चित्वा लिखत— [3 × 1 = 3]

(i) अपरः वानरः सिंहस्य पुच्छं धुनाति।
(क) अनेकाः **(ख)** अन्यः **(ग)** प्रथमः **(घ)** एकः

(ii) रसालमुकुलानि भृङ्गाः समाश्रयन्ते।
(क) हयाः **(ख)** नागाः **(ग)** गजाः **(घ)** भ्रमराः

(iii) वासव ! अहं पुत्रस्य दैन्यं दृष्ट्वा रोदिमि।
(क) पुत्र! **(ख)** इन्द्र! **(ग)** गणेश! **(घ)** शिव!

प्रतिदर्श प्रश्न पत्र-5

हल सहित

अवधिः 3 होरा **पूर्णाङ्काः** 80

सामान्य निर्देशाः

1. *कृपया समयक्तया परीक्षणं कुर्वन्तु यत् अस्मिन् प्रश्नपत्रे 10 पृष्ठानि मुद्रितानि सन्ति।*
2. *कृपया समयक्तया परीक्षणं कुर्वन्तु यत् अस्मिन् प्रश्नपत्रे 18 प्रश्नाः सन्ति।*
3. *अस्मिन् प्रश्नपत्रे चत्वारः खण्डाः सन्ति।*

'क' खण्डः अपठितावबोधनम्	—	10 अङ्काः
'ख' खण्डः रचतात्मककार्यम्	—	15 अङ्काः
'ग' खण्डः अनुप्रयुक्त व्याकरणम्	—	25 अङ्काः
'घ' खण्डः पठितावबोधनम्	—	30 अङ्काः

4. *प्रत्येकं खण्डम् अधिकृत्य उत्तराणि एकस्मिन् स्थाने क्रमेण लेखनीयानि।*
5. *उत्तरलेखनात् पूर्वं प्रश्नस्य क्रमाङ्कः अवश्यं लेखनीयः।*
6. *प्रश्नस्य क्रमाङ्कः प्रश्नपत्रानुसारम् एव लेखनीयः।*
7. *सर्वेषां प्रश्नानाम् उत्तराणि संस्कृतेन लेखनीयानि।*
8. *प्रश्नानां निर्देशाः ध्यानेन अवश्यं पठनीयाः।*

खण्डः 'क'

अपठितावबोधनम् (10 अङ्काः)

1. अधोलिखितं गद्यांशं पठित्वा प्रदत्तप्रश्नानाम् उत्तराणि संस्कृतेन लिखत— **[10]**

मनुष्यः खलु सामाजिकः प्राणी। मनुष्यैः एव समाजस्य निर्माणं भवति। मनुष्याणां सद्व्यवहारिण एव समाजे सुखस्य शान्तेः च स्थापना भवति, ततश्च सामाजिकं वातावरणं सौहार्दपूर्णं भवति। अस्माकं वेदेषु उपदिष्टम्—'संगच्छध्वं संवदध्वं सं वो मनांसि जानताम्।' अस्य अयम् अभिप्रायः अस्ति यत् समाजे सर्वे जनाः मिलित्वा चलन्तु, मिलित्वा एकस्वरेण वदन्तु, सर्वे परस्परं जानन्तु, सर्वत्र प्रेमपूर्णः व्यवहारो भवेत्। यजुर्वेदे कथितम्—'मित्रस्य चक्षुषा सर्वाणि मित्राणि समीक्षे', अर्थात् अहं सर्वान् जनान् मैत्रीभावेन पश्येयम् इति। कुत्रापि हिंसायाः भावना न भवेत्। कस्यचिद् आत्मनः प्रतिकूलम् आचरणं न कर्तव्यम्। अनया भावनया पूर्णः समाजः एवं आदर्शसमाजः इति कथ्यते। येषां जीवने परोपकारादयः गुणाः विलसन्ति तेषां जीवनम् एव धन्यं कथ्यते। 'सर्वे भवन्तु सुखिनः' इत्येव अस्माकम् उद्देश्यं भवेत्।

(अ) एकपदेन उत्तरत—(केवलं प्रश्नद्वयम्) [2 × 1 = 2]

(i) मनुष्यः कीदृशः प्राणी?

(ii) अहं सर्वान् केन भावेन पश्येयम्?

(iii) कस्यचिद् आत्मनः प्रतिकूलं किं न कर्तव्यम्?

(आ) पूर्णवाक्येन उत्तरत—(केवलं प्रश्नद्वयम्) [2 × 2 = 4]

(i) मनुष्याणां सद्व्यवहरिण किं किं भवति?

(ii) अस्माकं वेदेषु किम् उपदिष्टम्?

(iii) केषां जीवनं धन्यं कथ्यते?

(इ) अस्य गद्यांशस्य उचितं शीर्षकं संस्कृतेन लिखत। [1]

(ई) यथानिर्देशम् उत्तरत— [3 × 1 = 3]

(i) 'रचना' इति पदस्य उचितं पर्यायपदं चिनुत।

(क) स्थापना (ख) निर्माणम् (ग) परस्परम् (घ) प्रतिकूलम्

(ii) 'कलहपूर्णम्' इति पदस्य उचितं विपरीतपदं चिनुत।

(क) संवदध्वम् (ख) आचरणम् (ग) सौहार्दपूर्णम् (घ) वातावरणम्

(iii) 'सर्वे मिलित्वा एकस्वरेण वदन्तु' अत्र वाक्ये क्रियापदं किम्?

(क) सर्वे (ख) मिलित्वा (ग) वदन्तु (घ) एकस्वरेण

खण्ड : 'ख'

रचनात्मकं कार्यम् (15 अङ्का:)

2. (अ) भवत्याः लता विद्यालये आयोज्यमाने वार्षिकोत्सवे 'कारगिल विजयः' इति संस्कृतनाटकस्य मञ्चनं भविष्यति। अस्मिन्नवसरे स्वसख्यै सुजाता निमन्त्रणपत्रे मञ्जूषाप्रदतपदैः पूरयित्वा पुनः लिखत— [10 × ½ = 5]

मञ्जूषा

तत्रास्तु, लता, पूर्वाभ्यासः, प्रस्तोष्यते, सुजाता, आनन्दम्, आगन्तव्यम्, नमः, विद्यालयस्य, निवेदनीया

अथवा

(आ) स्वविद्यालयस्य छात्राणां कृते श्लोकावृत्ति-प्रतियोगितायाः आयोजनाय स्वविद्यालयस्य प्रधानाचार्यं प्रति पत्रमेकं लिखत।

मञ्जूषा

सेवायाम्, श्रीमन्तः, प्रधानाचार्यः, संस्कृतम्, छात्राः, संस्कृतस्य प्रसाराय, अस्माकं मध्ये, छात्रमेलनम्, सन्ति, उल्लासिताः अस्ति, निवेदनम्, आयोजनम्, आज्ञाकारी, धन्यवादाः, सुमधुरम्, आनन्दम्, भवतु, इति।

3. (अ) प्रदत्तं चित्रं दृष्ट्वा मञ्जूषायां प्रदत्तशब्दानां सहायतया पञ्च वाक्यानि संस्कृतेन लिखत— [5 × 1 = 5]

चित्र

मञ्जूषा

कारयानयोः, आक्रोशपूर्वकम्, क्रुद्धौ, दोषारोपणम्, आरक्षी, क्षतिग्रस्ते, कारवाने, क्षमाभावस्य, आवश्यकता, धैर्यस्य, दुर्घटनायाः, विचार्य

अथवा

(आ) निम्नलिखितं विषयमधिकृत्य मञ्जूषाप्रदत्तशब्दानां साहाय्येन न्यूनातिन्यूनं पञ्चभिः संस्कृतवाक्यैः एकम् अनुच्छेदं लिखत—

"भारत भूमिः"

मञ्जूषा

अस्माकम्, अयम्, देशः, भारतवर्षम्, हिमालयात्, रामेश्वर पर्यन्तम्, नद्यः गंगा, यमुना, गोदावरी-प्रभृतयः, अत्र, काशी, प्रयागः, मथुरा, तीर्थनगरानि जाताः, अत्रैव, राम-कृष्ण-गौतमाः, ग्रामप्रधानः, कृषिप्रधानः।

4. अधोलिखितानि वाक्यानि संस्कृतभाषया अनूद्य लिखत— [5 × 1 = 5]

(i) गौरव पुस्तक पढ़ता है।

(ii) शिक्षक छात्र को पुरस्कार देता है।

(iii) मोनिका बाज़ार जाती है।

(iv) मैं कल विद्यालय जाऊँगा।

(v) कल रविवार था।

खण्ड : 'ग'

अनुप्रयुक्त व्याकरणम्

(25 अङ्काः)

5. (अ) अधोलिखितवाक्येषु रेखाङ्कितपदेषु सन्धिं सन्धिच्छेदं वा कुरुत— [4 × 1 = 4]

(i) हे कल्याणि! सर्वदा **सत् + मार्गम्** अनुसरतु।

(ii) अयोग्यः पुरुषः नास्ति **योजकस्तत्र** दुर्लभः।

(iii) भवति शिशुजनो **वयोऽनुरोधात्** गुणमहतामपि लालनीय एव।

(iv) **अभि + आगतम्**

अथवा

(आ) अधोलिखितवाक्युषे रेखाङ्कितपदेषु सन्धिं सन्धिच्छेदं वा कुरुत—

(i) **एक + एकपक्षे**

(ii) **पश्चात् + अन्य**

(iii) तत् **कोऽत्र** अभ्युपायः

(iv) किं **द्वयोरपि** एकमेव प्रतिवचनम्

6. अधोलिखितवाक्येषु रेखाङ्कितपदानां समासं विग्रहं वा प्रदत्तविकल्पेभ्यः चित्वा लिखत— [4 × 1 = 4]

(i) **स्थितप्रज्ञः** इति को न जानाति।
(क) स्थितं प्रज्ञं यस्य सः (ख) स्थितः प्रज्ञः (ग) स्थिता प्रज्ञा यस्य सः (घ) स्थितः एव प्रज्ञ एव

(ii) नास्ति **उद्यमसमः** बन्धुः।
(क) उद्यमाय समः (ख) उद्यमेन समः (ग) उद्यमस्य समः (घ) उद्यमात् समः

(iii) **पिककाकौ** उड्डीयेते।
(क) पिकः च काकाः च (ख) पिक च काकः (ग) पिकः च काकः च (घ) काकः पिकः च

(iv) रामः **मृगस्य पश्चात्** धावति स्म।
(क) अनुमृगम् (ख) उपमृगम् (ग) समृगम् (घ) यथामृगः

7. अधोलिखितवाक्येषु रेखाङ्कितपदानां प्रकृति-प्रत्ययौ संयोज्य विभज्य वा उचितम् उत्तरं विकल्पेभ्यः चित्वा लिखत— [4 × 1 = 4]

(i) मया ग्रन्थः **पठ् + तव्यत्**
(क) पठितव्यवम् (ख) पठितव्य (ग) पठितव्यः (घ) पठितव्याः

(ii) अद्य मम **वर्ष + ठक्** परीक्षा अस्ति।
(क) वार्षिकः (ख) वार्षिकी (ग) वार्षिक्यः (घ) वार्षिकम्

(iii) हिमकरस्य **शीतल + त्व** लोके प्रसिद्धम् अस्ति।
(क) शीतलत्व (ख) शीतलत्वम् (ग) शीतलता (घ) शीतलत्वाम्

(iv) सा **तपस्विनी** मत्कृतेनापराधेन स्वापत्यम् निर्भत्र्सयति।
(क) तपस्विन् + ङीप् (ख) तपस् + विनि (ग) तपस्वी + इनि (घ) तपस्विन् + इन्

8. वाच्यानुसारम् उचितपदैः रिक्तस्थानानि पूरयित्वा अधोलिखितं संवादं पुनः लिखत— [3 × 1 = 3]

(i) **रमा** — त्वं कुत्र गच्छसि?
सीता — अहं तु आपणं ....।
(क) गच्छतः (ख) गच्छयते (ग) गच्छामि (घ) गच्छन्ति

(ii) **रमा** — तत्र .... किमर्थं गम्यते।
सीता — अहं फलानि क्रेतुं गच्छामि।
(क) त्वया (ख) मया (ग) अहम् (घ) त्वम्

(iii) रमा — .... अपि ततः फलानि आनेतव्यानि।

(क) मया (ख) अस्माभिः (ग) वयम् (घ) सा

9. कालबोधकशब्दैः अधोलिखित-दिनचर्यां पूरयत— [4 × 1 = 4]

(i) सा सायं .... संगीतकक्षायै गच्छति। (4:30)

(ii) ततः सा .... पुनः आगच्छति। (5:45)

(iii) विक्रेता प्रातः .... आपणम् उद्घाटयति। (10:45)

(iv) सः सायं .... गृहं प्रत्यावर्तते। (9:30)

10. मञ्जूषायां प्रदत्तैः उचितैः अव्ययपदैः अधोलिखितवाक्येषु रिक्तस्थानानि पूरयत— [3 × 1 = 3]

(i) वायुमण्डलं .... प्रदूषितमस्ति।

(ii) प्राकृतिक-वातावरणे क्षणं सञ्चरणम् .... लाभदायकं भवति।

(iii) पर्यावरणस्य संरक्षणम् .... प्रकृतेः आराधना।

मञ्जूषा

इदानीम्, अत्र, एव

11. अधोलिखितवाक्येषु रेखाङ्कित-अशुद्धपदाय उचितपदं चित्वा वाक्यानि पुनः लिखत— [3 × 1 = 3]

(i) **फलाः** करण्डके सन्ति।

(क) फलम् (ख) फलः (ग) फलानि (घ) फले

(ii) तौ बालको **गच्छति।**

(क) गच्छसि (ख) गच्छन्ति (ग) गच्छति (घ) गच्छतः

(iii) राधा श्वः **गच्छति।**

(क) गमिष्यति (ख) अगच्छत् (ग) गच्छतु (घ) गच्छसि

खण्ड : 'घ'

पठितावबोधनम् (30 अङ्काः)

12. अधोलिखितं गद्यांशं पठित्वा प्रदत्तप्रश्नानाम् उत्तराणि संस्कृतेन लिखत— [5]

विचित्रा दैवगतिः। तस्यामेव रात्रौ तस्मिन् गृहे कश्चन चौरः गृहाभ्यन्तरं प्रविष्टः। तत्र निहितामेकां मञ्जूषाम् आदाय पलायितः। चौरस्य पादध्वनिना प्रबुद्धोऽतिथिः चौरशङ्कया तमन्वधावत् अगृह्णाच्च, परं विचित्रमघटत। चौरः एव उच्चैः क्रोशितुमारभत "चौरोऽयं चौरोऽयम्" इति। तस्य तारस्वरेण प्रबुद्धाः ग्रामवासिनः स्वगृहाद् निष्क्रम्य तत्रागच्छन् वराकमतिथिमेव च चौरं मत्वाऽभर्त्सयन्। यद्यपि ग्रामस्य आरक्षी एव चौर आसीत्। तत्क्षणमेव रक्षापुरुषः तम् अतिथिं 'चौरोऽयम्' इति प्रख्याप्य कारागृहे प्राक्षिपत्।

(i) **एकपदेन उत्तरत—(केवलं प्रश्नद्वयम्)** [2 × ½ = 1]

(क) वस्तुतः चौरः कः आसीत्?

(ख) कीदृशी दैवगतिः?

(ग) कः एकां मञ्जूषाम् आदाय पलायितः?

(ii) **पूर्णवाक्येन उत्तरत—(केवलं प्रश्नद्वयम्)** [2 × 1 = 2]

(क) ग्रामवासिनः कं चौरः मत्वा अभर्त्सयन्?

(ख) "चौरोऽयं चौरोऽयं" इति कः उच्चैः क्रोशितुमारभत?

(ग) वस्तुतः चौरः कः आसीत्?

(iii) **निर्देशानुसारम् उत्तरत—** [2 × 1 = 2]

(अ) (क) 'अदभुता' इत्यस्य किं पर्यायपदं गद्यांशे प्रयुक्तम्?

(ख) 'अभर्त्सयन्' इति पदस्य कर्तृपदं किम्?

अथवा

(आ) (क) 'ग्रामवासिनः' इति पदस्य किं विशेषणपदं गद्यांशे प्रयुक्तम्?

(ख) 'निर्गतः' इति पदस्य किं विलोमपदं गद्यांशे प्रयुक्तम्?

13. मृगा मृगैः सङ्गमनुव्रजन्ति, गावश्च गोभिः तुरगास्तुरङ्गैः। [5]

मूर्खाश्च मूर्खैः सुधियः सुधीभिः, समान-शील-व्यसनेषु सख्यम्।।

(i) **एकपदेन उत्तरत—(केवलं प्रश्नद्वयम्)** [2 × ½ = 1]

(क) के मृगैः सह अनुव्रजन्ति?

(ख) सुधीभिः सह के तिष्ठन्ति?

(ग) गावः काभिः सह अनुव्रजन्ति?

(ii) **पूर्णवाक्येन उत्तरत—(केवलं प्रश्नद्वयम्)** [2 × 1 = 2]

(क) केषु सख्यं भवति?

(ख) तुरगाः कैः सह अनुव्रजन्ति?

(ग) मूर्खाः सुधियश्च कैः सह अनुव्रजन्ति?

(iii) **निर्देशानुसारम् उत्तरत—** [2 × 1 = 2]

(अ) (क) 'मृगाः' इति कर्तृपदस्य क्रियापदं किम्?

(ख) 'मित्रता' इत्यर्थे अत्र किं पदं प्रयुक्तम्?

अथवा

(आ) (क) 'अश्वाः' इत्यस्य पदस्य कः पर्यायः श्लोक प्रयुक्तः?

(ख) 'विद्वांसः' इत्यस्य किं विलोमपदं श्लोके प्रयुक्तम्?

14. अधोलिखितं नाट्यांशं पठित्वा प्रदत्तप्रश्नानाम् उत्तराणि संस्कृतेन लिखत्— [5]

काकः — आम् सत्यं कथितं त्वया—वस्तुतः वनराजः भवितुं तु अहमेव योग्यः।

पिकः — (उपहसन्) कथं त्वं योग्यः वनराजः भवितुं, यत्र तत्र का-का इति कर्कशध्वनिना वातावरणमाकुलीकरोषि। न रूपं, न ध्वनिरस्ति। कृष्णवर्णम् मेध्यामेध्यभक्षकं त्वां कथं वनराजं मन्यामहे वयम्?

काकः — अरे! अरे! किं जल्पसि? यदि अहं कृष्णवर्णः तर्हि त्वं किं गौराङ्गः? अपि च विस्मर्यते किं यत् मम सत्यप्रियता तु जनानां कृते उदाहरणस्वरूपा-'अनृतं वदसि चेत् काकः दशेत्' इति प्रकारेण। अस्माकं परिश्रमः ऐक्यं च विश्वप्रथितम्। अपि च काकचेष्टः विद्यार्थी एव आदर्शच्छात्रः मन्यते।

पिकः — अलम् अलम् अतिविकत्थनेन। किं विस्मर्यते यत्—

काकः कृष्णः पिकः कृष्णः को भेदः पिककाकयोः।
वसन्तसमये प्राप्ते काकः काकः पिकः पिकः।।

काकः — रे परभृत्! अहं यदि तव सन्ततिं न पालयामि तर्हि कुत्र स्युः पिकाः? अतः अहं एव करुणापरः पक्षिसम्राट् काकः।

(i) **एकपदेन उत्तरत— (केवलं प्रश्नद्वयम्)** [2 × ½ = 1]

(क) पिककाकयोः भेदः कदा ज्ञायते?

(ख) कः कर्कशध्वनिना वातावरणम् आकुलीकरोति?

(ग) कीदृशः विद्यार्थी आदर्शच्छात्रः मन्यते?

(ii) **पूर्णवाक्येन उत्तरत—(केवलं प्रश्नद्वयम्)** [2 × 1 = 2]

(क) अन्ते काकः पिकं प्रति किं वदति?

(ख) काकः कदा दशेत्?

(ग) कः आत्मानं वनराजः भवितुं योग्यः चिन्तयति?

(iii) **निर्देशानुसारम् उत्तरत—** [2 × 1 = 2]

(अ) (क) नाट्यांशे 'मन्यामहे' इति क्रियायाः कर्तृपदं किम्?

(ख) 'योग्यः वनराजः' इत्यत्र विशेष्यपदं किम्?

अथवा

(आ) (क) नाट्यांशे 'कृष्णवर्णः' इत्यस्य किं विलोमपदं प्रयुक्तम्?

(ख) 'कोकिलः' इति पदस्य पर्यायपदं गद्यांशात् चित्वा लिखित्।

15. अधोलिखित-रेखाङ्कितपदानि आधृत्य प्रश्ननिर्माणं कुरुत— [4 × 1 = 4]

(i) चातकः वने वसति।

(ii) करुणापरो गृही तस्मै आश्रयं प्रायच्छत।

(iii) मालाकारः तोयैः तरो पुष्टिं करोति।

(iv) सः <u>कृच्छ्रेण</u> भारम् उद्वहति।

16. (अ) **मञ्जूषायाः सहायतया अधोलिखित-श्लोकस्य अन्वयं पूरयित्वा पुनः लिखत—** [4 × 1 = 4]

आलस्यं हि मनुष्याणां शरीरस्थो महान् रिपुः।

नास्त्युद्यमसमो बन्धुः कृत्वा यं नावसीदति।।

अन्वयः — आलस्यं हि **(i)** .... शरीरस्थः **(ii)** .... रिपुः (अस्ति)। **(iii)** .... बन्धुः न अस्ति यं **(iv)** .... (मानवः) न अवसीदति।

मञ्जूषा

कृत्वा, उद्यमसमः, मनुष्याणाम्, महान्।

अथवा

(आ) **अधोलिखितश्लोकस्य भावार्थे रिक्तस्थानानि मञ्जूषायाः साहाय्येन पूरयित्वा पुनः लिखत—**

गुणी गुणं वेत्ति न वेत्ति निर्गुणो, बली बलं वेत्ति न वेत्ति निर्बलः।

पिको वसन्तस्य गुणं न वायसः, करी च सिंहस्य बलं न मूषकः।।

गुणवान् जनः एव **(i)** .... महत्त्वं जानाति। गुणहीनः गुणानां महत्त्वं न अवगच्छति। तथैव **(ii)** .... जनः बलस्य महत्त्वं जानाति परन्तु दुर्बलः बलस्य महत्त्वं न अवगच्छति। वसन्त-ऋतोः महत्त्वं कोकिलः एव सम्यग् **(iii)** .... शक्नोति न तु काकः। एवमेव गजः सिंहस्य **(iv)** .... महत्वं जानाति। मूषकः तस्य शौर्यम् अवगन्तुं न शक्नोति

मञ्जूषा

अवगन्तुम, बलवान् पराक्रमस्य, गुणानाम्

17. **अधोलिखितानि वाक्यानि घटनाक्रमानुसारं संयोज्य पुनः लिखत—** [8 × ½ = 4]

(i) यतो हि अयम् अन्येभ्यः दुर्बलः।
(ii) 'बहूनि अपत्यानि मे सन्ति' इति सत्यम्।
(iii) तथापि मम अस्मिन् पुत्रे विशिष्टः स्नेहः।
(iv) अचिरादेव चण्डवातेन मेघरवैः च सह प्रवर्षः समजायत।
(v) सुरभिवचनं श्रुत्वा इन्द्रस्य हृदयम् अद्रवत्।
(vi) स तामेव असान्त्वयत् 'गच्छ वत्से! सर्वं भद्रं जायेत'।
(vii) तथापि दुर्बले सुते मातुः अधिका कृपा भवति।
(viii) सर्वेषु सन्तानेषु जननी तुल्यवत्सला एव।

18. **अधोलिखितवाक्येषु रेखाङ्कितपदानां प्रसङ्गानुकूलम् उचितार्थं चित्वा लिखत—** [3 × 1 = 3]

(i) एकः दुर्बलः <u>बलीवर्दः</u> भूमौ पपात।
(क) गौः (ख) धेनुः (ग) वृषभः (घ) महिषः

(ii) तदा तत्र <u>सुराधिपः</u> आगच्छत्।
(क) नृपः (ख) कृषकः (ग) धेनुः (घ) इन्द्रः

(iii) नराणां प्रथमः <u>शत्रुः</u> आलस्यम् अस्ति।
(क) मानवः (ख) मित्रम् (ग) रिपुः (घ) सहायकः

प्रतिदर्श प्रश्न-पत्र-6

हल सहित

अवधिः 3 होरा **पूर्णाङ्काः** 80

सामान्य निर्देशाः

1. *कृपया समयक्तया परीक्षणं कुर्वन्तु यत् अस्मिन् प्रश्नपत्रे 10 पृष्ठानि मुद्रितानि सन्ति।*
2. *कृपया समयक्तया परीक्षणं कुर्वन्तु यत् अस्मिन् प्रश्नपत्रे 18 प्रश्नाः सन्ति।*
3. *अस्मिन् प्रश्नपत्रे चत्वारः खण्डाः सन्ति।*

   'क' खण्डः अपठितावबोधनम् — 10 अङ्काः

   'ख' खण्डः रचतात्मककार्यम् — 15 अङ्काः

   'ग' खण्डः अनुप्रयुक्त व्याकरणम् — 25 अङ्काः

   'घ' खण्डः पठितावबोधनम् — 30 अङ्काः
4. *प्रत्येकं खण्डम् अधिकृत्य उत्तराणि एकस्मिन् स्थाने क्रमेण लेखनीयानि।*
5. *उत्तरलेखनात् पूर्वं प्रश्नस्य क्रमाङ्कः अवश्यं लेखनीयः।*
6. *प्रश्नस्य क्रमाङ्कः प्रश्नपत्रानुसारम् एव लेखनीयः।*
7. *सर्वेषां प्रश्नानाम् उत्तराणि संस्कृतेन लेखनीयानि।*
8. *प्रश्नानां निर्देशाः ध्यानेन अवश्यं पठनीयाः।*

खण्डः 'क'

अपठितावबोधनम् (10 अङ्काः)

1. अधोलिखितं गद्यांशं पठित्वा प्रदत्तप्रश्नानाम् उत्तराणि संस्कृतेन लिखत— **[10]**

अस्माकम् देशः प्राचीनकालादेव प्राकृतिक-पर्यावरणस्य पोषकः। वैदिककाले यद्यपि पर्यावरणस्य प्रदूषणस्य समस्या नासीत् तथापि वेदेषु स्थाने-स्थाने ऋषीणां पर्यावरणविषयकं चिन्तनं दृश्यते। अद्य पर्यावरण-प्रदूषणं संसारस्य भीषणतमा समस्या वर्तते, परं जनाः अस्याः गाम्भीर्यं न अनुभवन्ति। पर्यावरणं रक्षणीयं वृक्षाः रोपणीयाः रक्षणीयाः च इति शृण्वन्तः उद्घोषयन्तः अपि वयं प्रतिदिनं तेषां कर्तनं पश्यामः। 'प्लास्टिक' इति रसायनेन निर्मितवस्तूनि पर्यावरणाय हानिकराणि इति जानन्तः अपि जनाः एतेषां प्रयोगं बाहुल्येन कुर्वन्ति। पर्यावरणप्रदूषकं धूमं क्षिपतां वाहनानाम् औद्योगिक-यन्त्रागाराणां सङ्ख्या निरन्तरं वर्धमाना अस्ति। यद्यपि विकासाय नवीनाः आविष्काराः अपेक्षिताः परं सञ्चाराय विस्तृताः सुरक्षिताः मार्गाः जनानां कृते अपि आवश्यकाः एव। यदि पर्यावरणं प्राणिजीवनाय अनकूलं न भविष्यति तर्हि पृथिव्यां जीवनमेव असम्भवं भविष्यति तदा भौतिकविकासेन किम्! अतः सर्वकारः जनसहयोगेन सर्वथा पर्यावरणरक्षणाय यत्नशीलः भवेदिति।

(अ) एकपदेन उत्तरत—(केवलं प्रश्नद्वयम्) **[2 × 1 = 2]**

(i) के रोपणीयाः रक्षणीयाः च?

(ii) कदा पर्यावरणस्य प्रदूषणस्य समस्या नासीत्?

(iii) अस्माकं देशः कस्य पोषकः?

(आ) पूर्णवाक्येन उत्तरत—(केवलं प्रश्नद्वयम्) **[2 × 2 = 4]**

(i) किं जानन्तः जनाः प्लास्टिक-निर्मितवस्तूनां प्रयोगं बाहुल्येन कुर्वन्ति?

(ii) यदि पर्यावरणं प्राणिजीवनाय अनुकूलं न भविष्यति तर्हि किं भविष्यति?

(iii) केषां सङ्ख्या निरन्तरं वर्धमाना अस्ति?

(इ) अस्य अनुच्छेदस्य कृते उपयुक्तं शीर्षकं संस्कृतेन लिखत। [1]

(ई) यथानिर्देशम् उत्तरत— [3 × 1 = 3]

(i) 'जनाः अस्याः गाम्भीर्यं न अनुभवन्ति' अत्र किं क्रियापदम्?

(क) जनाः (ख) अत्र (ग) अस्याः (घ) अनुभवन्ति

(ii) 'नवीनाः' इति विशेषणपदस्य विशेष्यपदं किम्?

(क) जनाः (ख) आविष्काराः (ग) अपेक्षिताः (घ) मार्गाः

(iii) 'शोषकः' इति पदस्य किं विलोमपदं प्रयुक्तम्?

(क) विषयः (ख) चिन्तनीयः (ग) सरलः (घ) पोषकः

खण्ड : 'ख'

रचनात्मकं कार्यम् (15 अङ्काः)

2. (अ) स्वमित्रं एकादश-कक्षायां संस्कृतं पठितुं प्रेरयितुं लिखिते पत्रे रिक्तस्थानानि पूरयित्वा पत्रं च पुनः उत्तरपुस्तिकायां लिखतु। [10 × ½ = 5]

मञ्जूषा

अभवम्, नमोनमः, मित्रम्, शक्नुमः, विषयैः, देहरादूनतः, संस्कृतस्य, अनेकासु, पत्रेण, ग्रन्थाः।

अथवा

(आ) स्वक्षेत्रस्य नगरनिगमाधिकारिणं प्रति पत्रं लिखित्वा निवेदयतु यत् भवतां क्षेत्रे मार्गेषु रथ्यासु च सर्वत्र अस्वच्छता व्याप्ता अस्ति । अनेन कारणेन क्षेत्रवासिनः महत्कष्टम् अनुभवन्ति ।

रोगाणाम् अपि आशङ्का वर्तते । कृपया अस्मिन् विषये विशिष्टं ध्यानं दत्त्वा यथाशीघ्रं स्वच्छतायाः व्यवस्थां कारयतु ।

मञ्जूषा

निगमाधिकारिमहोदयः, सेवायाम्, श्रीमन्तः अस्माकम्, सर्वत्र, विद्यते, क्षेत्रे,अस्वच्छता, दुर्गन्धः, जीवनम्, क्षेत्रवासिनाम्, जीवनम्, कठिनम्, अनेके, रोगाः, जनाः, रुग्णाः, विशिष्टम्, ध्यानम्, यथाशीघ्रम्, व्यवस्थाम्, कारयतु, कर्मचारिणः, मार्गेषु, सञ्चरणम्, भवति ।

3. (अ) प्रदत्तं चित्रं दृष्ट्वा मञ्जूषायां प्रदत्तशब्दानां सहायतया पञ्च वाक्यानि संस्कृतेन लिखत— [5 × 1 = 5]

मञ्जूषा

उद्यानम्, धावतः, जनी, वातावरणम्, नगरस्य, महिला, वृक्षाः, साधारणम्, विशालभवनानि, बसस्थानम्, स्वच्छम्, प्रतीक्षाम् तिष्ठन्ति, अवकरपात्रम्।

अथवा

(आ) निम्नलिखितं विषयमधिकृत्य मञ्जूषाप्रदत्तशब्दानां साहाय्येन न्यूनातिन्यूनं पञ्चभिः संस्कृतवाक्यैः एकम् अनुच्छेदं लिखत—

'विद्याधनं सर्वधनप्रधानम्'

मञ्जूषा

विद्या, आवश्यकता, ज्ञानम्, बुद्धिम्, विद्यया, पशुः, प्राप्नोति, धनम्, लोके, विद्याविहीनः, नाम, मानवस्य।

4. अधोलिखितानि वाक्यानि संस्कृतभाषया अनूद्य लिखत— [5 × 1 = 5]

(i) घर के बाहर मत खेलो।
Do not play outside the home.

(ii) भारत ऋषियों की भूमि है।
Bharat is the land of saints.

(iii) हमारा जीवन अनुशासित होना चाहिए।
Our life should be disciplined.

(iv) मैं अपने जन्मदिन पर देवालय जाऊँगा।
I will go to the temple on my birthday.

(v) बालक मित्रों के साथ पढ़ता है।
The child studies with friends.

खण्ड : 'ग'

अनुप्रयुक्त व्याकरणम् (25 अङ्काः)

5. (अ) अधोलिखितवाक्येषु रेखाङ्कितपदेषु सन्धिं सन्धिच्छेदं वा कुरुत— [4 × 1 = 4]

(i) **इत्युक्त्वा** धाविता तूर्णं व्याघ्रमारी भयङ्करा।

(ii) **धिङ्मामेवं** भूतम्।

(iii) अयं **एकः + तावत्** विभज्य भुज्यताम्।

(iv) रात्री आकाशे **चन्द्रः + उदेति।**

अथवा

(आ) अधोलिखितवाक्युषे रेखाङ्कितपदेषु सन्धिं सन्धिच्छेदं वा कुरुत—

(i) वयसः तु न **किञ्चिदन्तरम्।**

(ii) **व्याघ्रोऽपि** साहस नष्टः गलबद्ध शृगालकः।।

(iii) यानानां पङ्क्तयो **हि + अनन्ताः**

(iv) सः परीक्षायाम् **निष्फल** भवति।

6. अधोलिखितवाक्येषु रेखाङ्कितपदाना समास विग्रह वा प्रदत्तावकल्पभयः चित्वा लिखते— [4 × 1 = 4]

(i) **भयेन आकुले** व्याघ्र दृष्ट्वा कश्चित् धूर्तः शृगालः हसन्नाह।

(क) भयेनाकुलम् **(ख)** भयाकुलम् **(ग)** भयकुलम् **(घ)** भयाआकुलम्

(ii) ततः प्रविशतः विदूषकेनोपदिश्यामानमार्गी तापसौ **कुशलवौ।**

(क) कुशः च लवः च **(ख)** लवयोः च कुशयोः च **(ग)** लवः च कुशः च **(घ)** कुशस्य च लवस्य च

(iii) कश्चित् कृषकः बलीवर्दाभ्यां **क्षेत्रस्य कर्षणं** कुर्वन्नासीत्।

(क) क्षेत्राकर्षणम् **(ख)** क्षेत्रं कर्षणाम् **(ग)** क्षेत्रस्यकर्षणम् **(घ)** क्षेत्रकर्षणम्

(iv) श्रीरामः **सवाष्पम्** अवलोकयति।

(क) वाष्पस्य सहितम् **(ख)** सवः च वाष्पं च **(ग)** वाष्पेन सहितम् **(घ)** वाष्पस्य अभावः

7. अधोलिखितवाक्येषु रेखाङ्कितपदानां प्रकृति-प्रत्ययौ संयोज्य विभज्य वा उचितम् उत्तरं विकल्पेभ्यः चित्वा लिखत— [4 × 1 = 4]

(i) सः गृहम् **गतः**

(क) गम् + मतुप् (ख) गम् + क्त (ग) गम् + ठक् (घ) गम् + अनीयर्

(ii) चित्ते **'अवक्रता'** भवेत्।

(क) अवक्र + टाप् (ख) अवक्र + ङीप् (ग) अवक्र + त्व (घ) अवक्र + तल्

(iii) इयं काचित् **व्याघ्रमारी** इति।

(क) व्याघ्रमार + टाप् (ख) व्याघ्रमार + ङीप् (ग) व्याघ्रमार + मतुप् (घ) व्याघ्रमार + ई

(iv) वेदानां **महत् + त्व** को न जानाति?

(क) महत्त्वम् (ख) महत्ता (ग) महत्वम् (घ) महात्वम्

8. वाच्यानुसारम् उचितपदैः रिक्तस्थानानि पूरयित्वा संवादं पुनः लिखत— [3 × 1 = 3]

(i) बालकः .... खादति।

(क) पायसम् (ख) पायसः (ग) पायसेन (घ) पायसस्य

(ii) .... चित्राणि दृश्यन्ते।

(क) अहम् (ख) माम् (ग) मया (घ) मह्यम्

(iii) मात्रा रोटिकाः ....।

(क) पचति (ख) पच्यन्ते (ग) पच्यते (घ) पचन्ति

9. कालबोधकशब्दैः अधोलिखित-दिनचर्यां पूरयत— [4 × 1 = 4]

(i) अहम् .... (2:00) वादने आगत्य पुनः भोजनं करोमि।

(ii) अधोक्षजः ब्रह्ममुहूर्ते .... (3:30) जागर्ति।

(iii) सः .... (4:00) योगाभ्यासं करोति।

(iv) तदनन्तरम् सः स्नात्वा .... (4:30) सन्ध्योपासना करोति।

10. मञ्जूषायां प्रदत्तैः उचितैः अव्ययपदैः अधोलिखितवाक्येषु रिक्तस्थानानि पूरयत— [3 × 1 = 3]

(i) ईश्वरः .... स्मरणीयः।

(ii) अहं .... विद्यालयं गच्छामि।

(iii) असत्यं .... वद।

मञ्जूषा

अधुना, मा, सदैव

11. अधोलिखितवाक्येषु रेखाङ्कित अशुद्ध पदाय उचितपद चित्वा वाक्यानि पुनः लिखत— [3 × 1 = 3]

(i) श्वः विद्यालयस्य वार्षिकोत्सवः **अभवत्।**

(क) भवति (ख) भविष्यति (ग) अभवत् (घ) भवन्ति

(ii) अहं विद्यालय **गच्छति।**

(क) गच्छामि (ख) गच्छामः (ग) गन्च्छतः (घ) गच्छावः

(iii) **बालकः** गृहं गच्छन्ति।

(क) बालकौ (ख) बालकाः (ग) बालकस्य (घ) बालनात

खण्ड : 'घ'

पठितावबोधनम् (30 अङ्काः)

12. अधोलिखितं गद्यांशं पठित्वा प्रदत्तप्रश्नानाम् उत्तराणि संस्कृतेन लिखत— [5]

कश्चित् कृषकः बलीवर्दाभ्याम् क्षेत्रकर्षणं कुर्वन्नासीत्। तयोः बलीवर्दयोः एकः शरीरेण दुर्बलः जवेन गन्तुमशक्तश्चासीत्। अतः कृषकः तं दुर्बलं वृषभं तोदनेन नुद्यमानः अवर्तत। सः ऋषभः हलमूह्वा गन्तुमशक्तः क्षेत्रे पपात। कुद्धः कृषीवलः तमुत्थापयितुं बहुवारम् यत्नम्करोत्। तथापि वृषः नोत्थितः। भूमौ पतिते स्वपुत्रं दृष्ट्वा सर्वधेनूनां मातुः सुरभेः नेत्राभ्यामश्रूणि आविरासन। सुरभेरिमामवस्थां दृष्ट्वा सुराधिपः तामपृच्छत्–"अयि शुभे! किमेवं रोदिषि? सा च "भो वासव! पुत्रस्य दैन्यं दृष्ट्वा अहं रोदिमि। सः दीन इति जानन्नपि कृषकः तं बहुधा पीडयति। सः कृच्छ्रेण भारमुद्वहति। इतरमिव धुरं वोढुं सः न शक्नोतिं। एतत् भवान् पश्यति न?" इति प्रत्यवोचत्।

(i) **एकपदेन उत्तरत–(केवलं प्रश्नद्वयम्)** [2 × ½ = 1]

(क) कः क्षेत्रे अपतत्?

(ख) सुरभिः कासां माता आसीत्?

(ग) कृषकः कं बहुधा पीडयति स्म?

(ii) **पूर्णवाक्येन उत्तरत–(केवलं प्रश्नद्वयम्)** [2 × 1 = 2]

(क) सुरभिः किमर्थं रोदिति स्म?

(ख) पतितं वृषभम् उत्थापयितुं कः प्रायतत?

(ग) सुराधिपः काम् अपृच्छत्?

(iii) **निर्देशानुसारम् उत्तरत–** [2 × 1 = 2]

(अ) (क) 'मातुः सुरभेः नेत्राभ्याम् अश्रूणि आविरासन् इत्यस्मिन् वाक्ये कर्तृपदं किम्'?

(ख) 'कृषीवलः' इति पदस्य किं विशेषणपदं प्रयुक्तम्?

अथवा

(आ) (क) 'तीव्रगत्या' इत्यस्य किं पर्यायपदं प्रयुक्तम्?

(ख) 'दुर्बलं वृषभं' अत्र विशेषण किम अस्ति?

13. अधोलिखितं पद्यांशं पठित्वा प्रदत्तप्रश्नान् संस्कृतेन उत्तरत– [5]

पिता यच्छति पुत्राय बाल्ये विद्याधनं महत्।

पिताऽस्य किं तपस्तेपे इत्युक्तिस्तत्कृताज्ञता।।

(i) **एकपदेन उत्तरत–(केवलं प्रश्नद्वयम्)** [2 × ½ = 1]

(क) पिता कदा विद्याधनं यच्छति?

(ख) पिता कस्मै विद्याधनं यच्छति?

(ग) कः तपः तेपे?

(ii) **पूर्णवाक्येन उत्तरत–(केवलं प्रश्नद्वयम्)** [2 × 1 = 2]

(क) का उक्तिः कृतज्ञता?

(ख) पिता पुत्राय कीदृशं विद्याधनं यच्छति?

(ग) पिता पुत्राय बाल्ये कीदृशं धनं यच्छति?

(iii) **निर्देशानुसारम् उत्तरत–** [2 × 1 = 2]

(अ) (क) 'सुताय' इति पदस्य पर्यायपदं किम्?

(ख) 'महत्' इति पदस्य विशेष्यपदं किम्?

अथवा

(आ) (क) 'यच्छति' इति पदस्य कर्तृपदं किम्?

(ख) 'ददाति' इति पदस्य अत्र किम् पर्याय प्रयुक्तम्?

14. अधोलिखितं नाट्यांशं पठित्वा प्रदत्तप्रश्नानाम् उत्तराणि संस्कृतेन लिखत– [5]

(सिंहासनस्थः रामः। ततः प्रविशतः विदूषकेनोपदिश्यमानमार्गौ तापसौ कुशलवौ।)

विदूषकः – इत इत आर्यौ।

कुशलवौ – (रामम् उपसृत्य प्रणम्य च) अपि कुशलं महाराजस्य?

रामः – युष्मद्दर्शनात् कुशलमिव। भवतोः किं वयमत्र कुशलप्रश्नस्य भाजनम् एव, न पुनरतिथि जनसमुचितस्य कण्ठाश्लेषस्य।

(परिष्वज्य) अहो हृदयग्राही स्पर्शः।

उभौ — राजासनं खल्वेतत्, न युक्तमध्यासितुम्।

रामः — सव्यवधानं न चारित्रलोपाय। तस्मादङ्क-व्यवहितमध्यास्यतां सिंहासनम्।

(i) एकपदेन उत्तरत—(केवलं प्रश्नद्वयम्) [2 × ½ = 1]

(क) कुशलवौ कस्य कुशलं पृच्छतः?

(ख) 'इत इत आर्यौ' इति कः कथयति?

(ग) हृदयग्राहिस्पर्शः कः अनुभवति?

(ii) पूर्णवाक्येन उत्तरत—(केवलं प्रश्नद्वयम्) [2 × 1 = 2]

(क) वयमत्र कस्य भाजनम्?

(ख) राजासनम् एतत् किमर्थं न युक्तम्?

(ग) कः सिंहासनस्थः भवति?

(iii) निर्देशानुसारम् उत्तरत— [2 × 1 = 2]

(अ) (क) 'हृदयग्राही स्पर्शः' इत्यत्र विशेष्यपदं लिखत।

(ख) 'अध्यास्यतां सिंहासनम्' इत्यत्र क्रियापदं किम्?

अथवा

(आ) (क) प्रविशतः इति कर्तृपदस्य क्रियापदं किम्?

(ख) 'तस्मादङ्क—व्यवहितम् अध्यस्ताम् सिंहासनम्' अत्र क्रियापदं किम्?

15. अधोलिखित-रेखाङ्कितपदानि आधृत्य प्रश्ननिर्माणं कुरुत— [4 × 1 = 4]

(i) बुद्धिमती <u>चपेटया</u> पुत्रौ प्रहृतवती।

(ii) <u>व्याघ्रं</u> दृष्ट्वा धूर्तः शृगालः अवदत्।

(iii) <u>धैर्यवान्</u> लोके परिभवं न प्राप्नोति।

(iv) सर्वे <u>प्रकृतिमातरं</u> प्रणमन्ति।

16. (अ) मञ्जूषायाः सहायतया अधोलिखित-श्लोकस्य अन्वयं पूरयित्वा पुनः लिखत— [4 × 1 = 4]

प्रस्तरतले लतातरुगुल्मा नो भवन्तु पिष्टाः।

पाषाणी सभ्यता निसर्गे स्यान्न समाविष्टा।।

मानवाय जीवनं कामये नो जीवन्मरणम्। शुचि।।

अन्वयः—(i) .... प्रस्तरतले पिष्टाः नो **(ii)** .... । निसर्गे **(iii)** ....सभ्यता समाविष्टा न **(iv)** ....। मानवाय जीवनं कामये नो जीवन्मरणम्।

मञ्जूषा

पाषाणी, स्यात्, लतातरुगुल्माः, भवन्तु

अथवा

(आ) अधोलिखितश्लोकस्य भावार्थे रिक्तस्थानानि मञ्जूषायाः साहाय्येन पूरयित्वा पुनः लिखत—

आल्सयं हि मनुष्याणां शरीरस्थो महान् रिपुः।

नास्त्युद्यमसमो बन्धुः कृत्वा यं नावसीदति।।

भावार्थः —इदं सत्यमेव यत् **(i)** .... तु मानवानां शरीरेषु स्थितः **(ii)** .... शत्रुः अस्ति। यतः शरीरे आलस्यकारण ात् मानवस्य विकासगतिः स्थिरा भवति। मानवानां कृते जगति **(iii)** .... कोऽपि बन्धुः नास्ति। मानवः उद्यमं कृत्वा एवं निरन्तरं विकासं करोति, अनेन कदापि **(iv)** .... न भवति।

मञ्जूषा

दुःखतिः, उद्यमसमः, आलस्यम्, महान्

17. अधोलिखितानि वाक्यानि घटनाक्रमानुसारं संयोज्य पुनः लिखत— [8 × ½ = 4]

(i) व्याघ्रः व्याघ्रमारी इयमिति मत्वा पलायितः।

(ii) प्रत्युत्पन्नमतिः सा शृगालम् आक्षिपन्ती उवाच।

(iii) जम्बुककृतोत्साहः व्याघ्रः पुनः काननम् आगच्छत्।

(iv) मार्गे सा एकं व्याघ्रम् अपश्यत्।

(v) व्याघ्रं दृष्ट्वा सा पुत्रौ ताडयन्ती उवाच अधुना एकमेव व्याघ्रं विभज्य भुज्यताम्।

(vi) बुद्धिमती पुत्रद्वयेन उपेता पितुर्गृहं प्रति चलिता।

(vii) 'त्व व्याघ्रत्रयम् आनेतु' प्रतिज्ञाय एकमेव आनीतवान्।

(viii) गलवद्धशृगालकः व्याघ्रः पुनः पलायितः।

18. अधोलिखितवाक्येषु रेखाङ्कितपदानां प्रसङ्गानुकूलम् उचितार्थं चित्वा लिखत— [3 × 1 = 3]

(i) गच्छ त्वमपि किञ्चित् **गूढप्रदेशम्।**

(क) गुप्तप्रदेशम् (ख) नगरम् (ग) ग्रामम्

(ii) **वयस्य,** अपूर्वं खलु नामधेयम्।

(क) वृद्ध! (ख) पथिक! (ग) मित्र!

(iii) आर्य! **अलीकम्** एतत्।

(क) असत्यम् (ख) सत्यम् (ग) अचिरम्

■■

प्रतिदर्श प्रश्न-पत्र-7

हल सहित

अवधिः 3 होरा **पूर्णाङ्काः** 80

सामान्य निर्देशाः

1. *कृपया समयक्तया परीक्षणं कुर्वन्तु यत् अस्मिन् प्रश्नपत्रे 10 पृष्ठानि मुद्रितानि सन्ति।*
2. *कृपया समयक्तया परीक्षणं कुर्वन्तु यत् अस्मिन् प्रश्नपत्रे 18 प्रश्नाः सन्ति।*
3. *अस्मिन् प्रश्नपत्रे चत्वारः खण्डाः सन्ति।*

'क' खण्डः अपठितावबोधनम्	—	10 अङ्काः
'ख' खण्डः रचतात्मककार्यम्	—	15 अङ्काः
'ग' खण्डः अनुप्रयुक्त व्याकरणम्	—	25 अङ्काः
'घ' खण्डः पठितावबोधनम्	—	30 अङ्काः

4. *प्रत्येकं खण्डम् अधिकृत्य उत्तराणि एकस्मिन् स्थाने क्रमेण लेखनीयानि।*
5. *उत्तरलेखनात् पूर्वं प्रश्नस्य क्रमाङ्कः अवश्यं लेखनीयः।*
6. *प्रश्नस्य क्रमाङ्कः प्रश्नपत्रानुसारम् एव लेखनीयः।*
7. *सर्वेषां प्रश्नानाम् उत्तराणि संस्कृतेन लेखनीयानि।*
8. *प्रश्नानां निर्देशाः ध्यानेन अवश्यं पठनीयाः।*

खण्डः 'क'

अपठितावबोधनम् (10 अङ्काः)

1. अधोलिखितं गद्यांशं पठित्वा प्रदत्तप्रश्नानाम् उत्तराणि संस्कृतेन लिखत— **[10]**

एकदा भगवान् बुद्धः राजमार्गे गच्छन् अपश्यत् यत् सरोवरतटे कश्चन भिक्षुः स्नात्वा भूयो-भूयः हस्तौ संयोज्य षड्दिशः प्रणमति स्म। बुद्धः तमुपगम्य अपृच्छत्-महाशय! किं भवान् जानाति यत् दिग्भ्यः प्रणामनिवेदनस्य कः अभिप्रायः अस्ति? भिक्षुः उदतरत्-भगवन्! नाहं जाने अस्य अभिप्रायम्। कृपया भवान् एव अभिज्ञापयतु। बुद्धः अकथयत्-पूर्वदिशि कृतः नमस्कारः तु मातापितृभ्यां गृहस्वामिने च भवति। दक्षिणदिक् आचार्याय, पश्चिमदिक् स्त्रीपुत्रादिभ्यः, उत्तरदिक् च मित्रादीनां कृते भवति। एवमेव ऊर्ध्वदिक् श्रमणब्राह्मणेभ्यः अधोदिक् च सेवकेभ्यः भवति। इदं श्रुत्वा भिक्षुः अब्रवीत्-सेवकेभ्यः किमर्थं प्रणामः? वयं तु श्रेष्ठाः अतः सेवकाः एव अस्मान्नमेयुः। तदा तथागतः अकथयत्-सेवकाः अपि अस्मद्वत् मनुष्याः सन्ति। तान् प्रति प्रणामः अस्मत्स्नेहं वात्सल्यं सौहार्दश्च सूचयति।

(अ) एकपदेन उत्तरत—(केवलं प्रश्नद्वयम्) **[2 × 1 = 2]**

(i) भगवान् बुद्धः कुत्र गच्छन् अपश्यत्?
(ii) के अस्मद्वत् मनुष्याः भवन्ति?
(iii) पश्चिमदिशि कृतः प्रणामः केभ्यः भवति?

(आ) पूर्णवाक्येन उत्तरत— (केवलं प्रश्नद्वयम्) **[2 × 2 = 4]**

(i) भगवान् बुद्धः भिक्षुं कस्य अभिप्रायं पृच्छति?
(ii) सेवकान् प्रति प्रणामः किं किं सूचयति?
(iii) का दिक् केभ्यः प्रणामाय भवति?

(इ) अस्य गद्यांशस्य उचितं शीर्षकं संस्कृतेन लिखत। **[1]**

(ई) यथानिर्देशम् उत्तरत— **[3 × 1 = 3]**

(i) "तान् प्रति प्रणामः अस्माकं ......" इत्यस्मिन् वाक्ये 'तान्' इति सर्वनामपदं केभ्यः प्रयुक्तम्?
(क) वात्सलयं (ख) सौहार्दम् (ग) सेवकेभ्यः (घ) प्रणामः

(ii) "इदं श्रुत्वा भिक्षुः अब्रवीत्" इत्यस्मिन् वाक्ये भिक्षुः इति कर्तृपदस्य किं क्रियापदं प्रयुक्तम्?

(क) अब्रवीत् (ख) श्रुत्वा (ग) इदं (घ) भिक्षुः

(iii) "भगवान् बुद्धः" इत्यनयोः पद्योः किं विशेषणपदम्?

(क) भगवान् (ख) बुद्ध (ग) भवान् (घ) जनाति

खण्ड : 'ख'

रचनात्मकं कार्यम् (15 अङ्काः)

2. (अ) **भवती प्रभा अस्ति, विद्यालये गीता-अन्त्याक्षरी प्रतियोगिताम् आयोजनम् अस्ति। तदर्थं स्वमातरम् प्रति लिखितं पत्रं मञ्जूषातः पदानां सहायतया पूरयित्वा उत्तरपुस्तिकायां लिखत—** [5]

मञ्जूषा

सर्वे, श्रमः, पराजिताः, मातः, कुशलिनः, दर्पः, सरोजिनी, आयोजितवान्, सह, चरणस्पर्शः।

(आ) **भवान् उद्गीथः दशमकक्षायाः छात्रः अस्ति । स्वविद्यालये संस्कृतसम्भाषण - शिविरम् आयोजयितुम् इच्छति । एतदर्थम् अनुमतिं प्राप्तुं प्रधानाचार्यं प्रति मञ्जूषायां प्रदत्तसङ्केतानां सहायतया पत्रमेकं लिखत ।**

मञ्जूषा

सम्मान्यः, महोदयः, सविनयम्, सर्वे, संस्कृतच्छात्राः, विद्यालयस्य, संस्कृतसम्भाषण-शिविरस्य, भवेत्, आयोजनम्, छात्रेषु, उत्साहः, अभ्यासः, संस्कृतसम्भाषणं प्रति, संस्कृतमयम्, वातावरणम्, सप्ताहपर्यन्तम्, परस्परम्, व्यवहरिष्यन्ति, संस्कृतेनैव, सरलतया, समर्थाः, अनुगृहीताः, सधन्यवादम् ।

3. (अ) **प्रदतं चित्रं दृष्ट्वा मञ्जूषायां प्रदत्तशब्दानां सहायतया पञ्च वाक्यानि संस्कृतेन लिखत—** [5 × 1 = 5]

मञ्जूषा

सुन्दराणि, अनेकानि, चित्राणि, ऐतिहासिकस्थनानि, भवनानि, नौका, नाद्याम्, ताजमहलम्, पर्वताः, सन्ति, मन्दिरम्, रक्तदुर्गम्।

अथवा

(आ) **निम्नलिखितं विषयम्धिकृत्य मञ्जूषाप्रदत्तशब्दानां साहाय्येन न्यूनातिन्यूनं पञ्चभिः संस्कृतवाक्यैः एकम् अनुच्छेदं लिखत—**

"वायुप्रदूषणम्"

मञ्जूषा

स्वास्थ्यम्, पर्यावरणस्य, रक्षकाः, उद्योगानाम्, प्राणवायुम्, वृक्षारोपणम्, उपायाः, निर्माणकार्यम्, सहायकाः, वहानानां, धूम्रः, श्वासरोगाः।

4. अधोलिखितानि वाक्यानि संस्कृतभाषया अनूद्य लिखत— [5 × 1 = 5]

(i) मधुर मेरा मित्र है।
Madhur is my friend.

(ii) अनेक लोग उद्यान में घूम रहे हैं।
Many people are walking in the park.

(iii) हम सब घर जा रहे हैं।
We all are going home.

(iv) रमा ने कल संस्कृत गीत गाया।
Rama sang a Sanskrit song yesterday.

(v) विद्यालय में सौ शिक्षक हैं।
There are hundred teachers in the school.

खण्ड : 'ग'

अनुप्रयुक्त व्याकरणम् (25 अङ्काः)

5. (अ) अधोलिखितवाक्येषु रेखाङ्कितपदेषु सन्धिं सन्धिच्छेदं वा कुरुत— [4 × 1 = 4]

(i) **पश्चात् + अन्य** द्वितीयः लक्ष्यते।

(ii) व्याघ्रमारी काचित् इयं इति मत्वा व्याघ्र **भयाकुलचित्तो नष्टः।**

(iii) एकः वृषः शरीरेण दुर्बलः जवेन गन्तुम् **अशक्तः + च** आसीत्।

(iv) राजासनं **खल्वेतत्,** न युक्तमध्यासितुम्।

अथवा

(आ) अधोलिखितवाक्युषे रेखाङ्कितपदेषु सन्धिं सन्धिच्छेदं वा कुरुत—

(i) एकान्ते कान्तारे क्षणं **स्यात् + मे** सचरणम्।

(ii) **अनभिज्ञोऽहम्**

(iii) **विनिपातो न** वः कश्चित् दृश्यते त्रिदशाधिपः।

(iv) **द्वौ + अपि**

6. अधोलिखितवाक्येषु रेखाङ्कितपदानां समासं विग्रहं वा प्रदत्तविकल्पेभयः चित्वा लिखत— [4 × 1 = 4]

(i) **वाष्पयानमाला** संधावति।
(क) वाष्पयानेषु माला **(ख)** वाष्पयानेभ्यः माला **(ग)** वाष्पयानानां माला **(घ)** वाष्पयानस्य माला

(ii) किं द्वयोरप्येकमेव **प्रतिवचनम्।**
(क) वचने वचने प्रति **(ख)** वचनं वचनं प्रति **(ग)** वचनात् वचनात् प्रति **(घ)** वचनस्य वचनस्य प्रति

(iii) तस्मिन्नेव काले **व्याघ्रचित्रकौ** अपि जलपानाय आगतौ।
(क) व्याघ्रः चित्रकौ च **(ख)** व्याघ्रौ चित्रकौ च **(ग)** व्याघ्रः चित्रकः च **(घ)** व्याघ्रः सह चित्रकः

(iv) गुणं न वेत्ति **निर्गताः गुणाः यस्मात् सः।**
(क) निर्गुणः **(ख)** निर्गतगुणाः **(ग)** निर्गुणम् **(घ)** निर्गुणस्य

7. अधोलिखितवाक्येषु रेखाङि्कतपदानां प्रकृति-प्रत्ययौ संयोज्य विभज्य वा उचितम् उत्तरं विकल्पेभ्यः चित्वा लिखत— [4 × 1 = 4]

(i) सः गृहम् **गता**
(क) गम् + गत **(ख)** गम् + क्त **(ग)** गम् + ठक् **(घ)** गम् + अनीयर्

(ii) निजबुद्ध्या **विमुक्ता** सा भयात् व्याघ्रस्य भामिनी।
(क) विमुक्त + टाप् **(ख)** विमुक्त + आ **(ग)** विमुक्त + ता **(घ)** विमुक्त + मतुप्

(iii) अन्योऽपि **बुद्धिमान्** लोके मुच्यते महतो भयात्।
(क) बुद्धि + मान् **(ख)** बुद्धि + वान् **(ग)** बुद्धि + मतुप् **(घ)** बुद्धि + मत्

(iv) तस्य भार्या बुद्धिमती **पुत्रद्वयोपेता** पितुर्गृहं प्रति चलिता।
(क) पुत्रद्वयोपेता + आ **(ख)** पुत्रद्वयोपेत + टाप् **(ग)** पुत्रद्वयोपेत + आ **(घ)** पुत्रद्वयोपेत + तल्

8. वाच्यानुसारम् उचितपदैः रिक्तस्थानानि पूरयित्वा अधोलिखितं संवादं पुनः लिखत— [3 × 1 = 3]

(i) मालिका-प्रतिष्ठे ! किं त्वं संस्कृतस्य विज्ञानप्रदर्शनीं द्रष्टुं .... ?

(क) गम्यते **(ख)** गच्छति **(ग)** गच्छसि **(घ)** गच्छामि

(ii) प्रतिष्ठा न मालिके ! .... तत्र न गम्यते।

(क) मया **(ख)** अहम् **(ग)** त्वया **(घ)** आवाम्

(iii) मालिका-अधुना त्वया गृहे किं .... ?

(क) क्रियन्ते **(ख)** करोषि **(ग)** करोति **(घ)** क्रियते

9. कालबोधकशब्दैः अधोलिखित-दिनचर्यां पूरयत— [4 × 1 = 4]

(i) हार्दिकः सायं 4:30 वादने .... क्रीडति।

(ii) वैभवः प्रातः 6:15 वादने .... जागर्ति।

(iii) अहं प्रातः 7:00 वादने .... पाठशालां गच्छामि।

(iv) सायं 7:30 वादने .... कपिलः पूजां करोति।

10. मञ्जूषायां प्रदत्तैः उचितैः अव्ययपदैः अधोलिखितवाक्येषु रिक्तस्थानानि पूरयत— [3 × 1 = 3]

(i) विद्वांसः .... अत्र आगमिष्यन्ति।

(ii) समुद्रे वृष्टिः .... भवति।

(iii) कुक्कुरः .... शब्दं करोति।

मञ्जूषा

वृथा, श्वः, उच्चैः

11. अधोलिखितवाक्येषु रेखाङ्कित-अशुद्धपदाय उचितपदं चित्वा वाक्यानि पुनः लिखत— [3 × 1 = 3]

(i) त्वां पितुः नाम किम् अस्ति ?

(क) त्वम् **(ख)** तव **(ग)** त्वया **(घ)** त्वयि

(ii) ते श्वः विद्यालयं **गच्छन्ति।**

(क) अगच्छन् **(ख)** गमिष्यन्ति **(ग)** गमिष्यति **(घ)** अगच्छताम्

(iii) यत्रास्ते सा धूर्ताः तत्र गम्यताम्।

(क) धूर्ता **(ख)** धूर्तः **(ग)** धूर्ती **(घ)** धूर्ते

खण्ड : 'घ'

पठितावबोधनम् (30 अङ्काः)

12. अधोलिखितं गद्यांशं पठित्वा प्रदत्तप्रश्नानाम् उत्तराणि संस्कृतेन लिखत— [5]

"भो वासवः पुत्रस्य दैन्यं दृष्ट्वा अहं रोदिमि। सः दीन इति जानन्नपि कृषकः तं बहुधा पीडयति। सः कृच्छ्रेण भारमुद्वहति। इतरमिव धुरं वोढुं सः न शक्नोति। एतत् भवान् पश्यति न ?" इति प्रत्यवोचत्।

"भद्रे ! नूनम्। सहस्राधिकेषु पुत्रेषु सत्स्वपि तव अस्मिन्नेव एतादृशं वात्सल्यं कथम् ?" इति इन्द्रेण पृष्टा सुरभिः प्रत्यवोचत्—

यदि पुत्रसहस्रं मे, सर्वत्र सममेव मे।

दीनस्य तु सतः शक्रः। पुत्रस्याभ्यधिका कृपा।।

"बहून्यपत्यानि मे सन्तीति सत्यम्। तथाप्यहमेतस्मिन् पुत्रे विशिष्य आत्मवेदनामनुभवामि। यतो हि अयमन्येभ्यो दुर्बलः। सर्वेष्वपत्येषु जननी तुल्यवत्सला एव। तथापि दुर्बले सुते मातुः अभ्यधिका कृपा सहजैव" इति। सुरभिवचनं श्रुत्वा भृशं विस्मितस्याखण्डलस्यापि हृदयमद्रवत्। स च तामेवमसान्त्वयत्—"गच्छ वत्से ! सर्वं भद्रं जायेत।"

अचिरादेव चण्डवातेन मेघरवैश्च सह प्रवर्षः समजायत। लोकानां पश्यताम् एव सर्वत्र जलोपप्लवः सञ्जातः। कृषकः हर्षातिरेकेण कर्षणविमुखः सन् वृषभौ नीत्वा गृहमगात्।

अपत्येषु च सर्वेषु जननी तुल्यवत्सला।

पुत्रे दीने तु सा माता कृपार्द्रहृदया भवेत्।।

(i) **एकपदेन उत्तरत—(केवलं प्रश्नद्वयम्)** [2 × ½ = 1]

(क) दुर्बले सुते कस्या: अधिका कृपा भवति?

(ख) चण्डवातेन मेघरवैश्च सह क: समजायत?

(ग) अनुच्छेदे मातु सुरभे: कस्य दैनयं दृष्ट्वा रोदति?

(ii) **पूर्णवाक्येन उत्तरत—(केवलं प्रश्नद्वयम्)** [2 × 1 = 2]

(क) मातु: अधिका कृपा कस्मिन् भवति?

(ख) इन्द्र: दुर्बलवृषभस्य कष्टानि अपाकर्तु किं कृतवान्?

(ग) जननी कीदृशी भवति?

(iii) **निर्देशानुसारम् उत्तरत—** [2 × 1 = 2]

(अ) (क) अस्मिन् अनुच्छेदे 'काठिन्येन' इति पदस्य किम् पर्यायपदं प्रयुक्तम्?

(ख) उपर्युक्त अनुच्छेदे सहस्राधिकेषु पुत्रेषु इति पदयो: किम् विशेष्य तथा विशेषण पदं प्रयुक्तम्?

अथवा

(आ) (क) अस्मिन् अनुच्छेदे 'स: दीन इति जानन्नपि कृषक: तं बहुधा पीडयति' वाक्ये कर्तृपदं तथा क्रियापदं अत्र किम् प्रयुक्तम्?

(ख) 'अत्याधिकम्' इति पदस्य अत्र किम् शब्द प्रयुक्तम्?

13. अधोलिखितं पद्यांश पठित्वा प्रदत्तप्रश्नान् संस्कृतेन उत्तरत— [5]

निमित्तमुद्दिश्य हि य: प्रकुप्यति, ध्रुवं स तस्यापगमे प्रसीदति।

अकारणद्वेषि मनस्तु यस्य वै, कथं जनस्तं परितोषयिष्यति।।

(i) **एकपदेन उत्तरत—(केवलं प्रश्नद्वयम्)** [2 × ½ = 1]

(क) अत्र किम् अकारणं द्वेषि उक्तम्?

(ख) किम् उद्दिश्य नर: प्रकुप्यति?

(ग) कस्य अपगमे मनुष्य: प्रसीदति?

(ii) **पूर्णवाक्येन उत्तरत—(केवलं प्रश्नद्वयम्)** [2 × 1 = 2]

(क) मनुष्य कदा ध्रुवं प्रसीदति?

(ख) क: जन: कथमपि न परितोपयिष्यति?

(ग) श्लोके मन: कीदृशं प्रकप्यति?

(iii) **निर्देशानुसारम् उत्तरम—** [2 × 1 = 2]

(अ) (क) 'य' इति कर्तृपदस्य क्रियापदं किम्?

(ख) 'मनुष्य:' इत्यस्य पदस्य क: पर्याय: श्लोके प्रयुक्त:?

अथवा

(आ) (क) 'अध्रुवम्' इत्यस्य कि विलोमपदं श्लोके प्रयुक्तम्?

(ख) 'प्रसन्न: भवति' इति पदस्य अत्र श्लोके किम् प्रयुक्तम्।

14. अधोलिखितं नाट्यांशं पठित्वा प्रदत्तप्रश्नानाम् उत्तराणि संस्कृतेन लिखत— [5]

राम: — अहो! उदात्तरम्य: समुदाचार:। किं नामधेयो भवतोर्गुरु:?

लव: — ननु भगवान् वाल्मीकि:।

राम: — केन सम्बन्धेन?

लव: — उपनयनोपदेशेन।

राम: — अहमत्रभवतो: जनकं नामतो वेदितुमिच्छामि।

लव: — न हि जानाम्यस्य नामधेयम्। न कश्चिदस्मिन् तपोवने तस्य नाम व्यवहरति।

राम: — अहो महात्म्यम्।

कुश: — जानाम्यहं तस्य नामधेयम्।

राम: — कथ्यताम्।

कुश: — निरनुक्रोशो नाम ......

राम: — वयस्य, अपूर्व खलु नामधेयम्।

विदूषकः — (विचिन्त्य) एवं तावत् पृच्छामि। निरनुक्रोश इति क एवं भणति?

कुशः — अम्बा।

(i) एकपदेन उत्तरत— (केवलं प्रश्नद्वयम्) [2 × ½ = 1]

(क) लवस्य गुरोः नाम किम्?

(ख) लवकुशयोः गुरोः नाम कः पृच्छति?

(ग) लवस्य पितुः नाम कः जानाति?

(ii) पूर्णवाक्येन उत्तरत—(केवलं प्रश्नद्वयम्) [2 × 1 = 2]

(क) वाल्मीकिः केन सम्बन्धेन लवकुशयोः गुरुः अस्ति?

(ख) कुशः स्वपितुः नाम किम् ज्ञापयति?

(ग) कः लवकुशयोः जनकस्य नाम वेदितुम् इच्छति?

(iii) निर्देशानुसारम् उत्तरत— [2 × 1 = 2]

(अ) (क) 'वाल्मीकिः' इति पदस्य विशेषणपदं किम्?

(ख) 'जानामि' इति पदस्य कर्तृपदं किम्?

अथवा

(आ) (क) 'माता' इति पदस्य पर्यायपदं किं प्रयुक्तम्?

(ख) कथयति इति पदस्य अत्र किम् प्रयुक्तम्?

15. अधोलिखित-रेखाङ्कितपदानि आधृत्य प्रश्ननिर्माणं कुरुत— [4 × 1 = 4]

(i) उद्याने **पक्षिणां** कलरवः चेतः प्रसादयति।

(ii) व्यायामं कुर्वतः **विरुद्धं** भोजनम् अपि परिपच्यते।

(iii) **सुराधिपः** ताम् अपृच्छत्।

(iv) सः **भारवेदनया** क्रन्दति स्म।

16. (अ) **मञ्जूषायाः सहायतया अधोलिखित-श्लोकस्य अन्वयं पूरयित्वा पुनः लिखत—** [4 × 1 = 4]

आश्वास्य पर्वतकुलं तपनोष्णतप्त-

मुद्दामदावविधुराणि च काननानि।

नानानदीनदशतानि पूरयित्वा,

रिक्तोऽसि यज्जलद। सैव तवोत्तमा श्रीः।।

अन्वयः —हे जलद! (त्वं) **(i)** .... पर्वतकुलम् उद्दामदावविधुराणि **(ii)** .... आश्वास्य नानानदीनदशतानि **(iii)** .... च यत् (स्वयं) रिक्तः असि, सा (रिक्तता) एव तव **(iv)** .... श्रीः (अस्ति)। च च यत् (स्वयं)।

मञ्जूषा

उत्तमा, काननानि, तपनोष्णतप्तम्, पूरयित्वा

अथवा

(आ) अधोलिखितश्लोकस्य भावार्थे रिक्तस्थानानि मञ्जूषायाः साहाय्येन पूरयित्वा पुनः लिखत—

विचित्रे खलु संसारे नास्ति किञ्चिन्निरर्थकम्।

अश्वश्चेद् धावने वीरः भारस्य वहने खरः।।

भावार्थः —अस्य श्लोकस्य भावः अस्ति यत् **(i)** .... विचित्रे संसारे किञ्चिदपि वस्तु निरर्थकं न अस्ति। यतः यदा धावनस्य कार्यं भवति तदा **(ii)** .... प्रयोगः भवति परन्तु यदा **(iii)** .... कार्यं भवति तदा खरस्य एव **(iv)** .... भवति।

मञ्जूषा

अश्वस्य, भारवहनस्य, आवश्यकता, अस्मिन्।

17. अधोलिखितानि वाक्यानि घटनाक्रमानुसारं संयोज्य पुनः लिखत— [8 × ½ = 4]

(i) व्याघ्रः तां व्याघ्रमारी मत्वा अधावत्।

(ii) तस्य भार्या बुद्धिमती आसीत्।

(iii) मार्गे सा एकं व्याघ्रं ददर्श।

(iv) बुद्धिमती व्याघ्रजाद् भयात् मुक्ताऽभवत्।

(v) तत्र राजसिंहः नाम राजपुत्रः वसति स्म।

(vi) अस्ति देउलाख्यो नाम ग्रामः।

(vii) सा पुत्रद्वयोपेता पितुर्गृहं प्रति चलिता।

(viii) सा वाक्चातुर्येण बुद्धेः च प्रयोगेन व्याघ्रं भयभीतं कृतवती।

18. अधोलिखितवाक्येषु रेखाङ्कितपादानां प्रसङ्गानुकूलम् उचितार्थं चित्वा लिखत— [3 × 1 = 3]

(i) एकान्ते **कान्तारे** क्षणमपि सञ्चरणं स्यात्।

(क) वने **(ख)** जने **(ग)** गहने **(घ)** आम्रम

(ii) **जगति** बहु शुद्धिकरणं करणीयम्।

(क) संसारे **(ख)** भगवान **(ग)** जगती **(घ)** जगन्नाथ

(iii) **वयसस्तु** किञ्चिदन्तरम्।

(क) वायसः **(ख)** वयस्यः **(ग)** आयुषः **(घ)** आयु

■■

प्रतिदर्श प्रश्न–पत्र-8

हल सहित

अवधिः 3 होरा **पूर्णाङ्काः** 80

सामान्य निर्देशाः

1. *कृपया समयक्तया परीक्षणं कुर्वन्तु यत् अस्मिन् प्रश्नपत्रे 10 पृष्ठानि मुद्रितानि सन्ति।*
2. *कृपया समयक्तया परीक्षणं कुर्वन्तु यत् अस्मिन् प्रश्नपत्रे 18 प्रश्नाः सन्ति।*
3. *अस्मिन् प्रश्नपत्रे चत्वारः खण्डाः सन्ति।*
   'क' खण्डः अपठितावबोधनम् — 10 अङ्काः
   'ख' खण्डः रचतात्मककार्यम् — 15 अङ्काः
   'ग' खण्डः अनुप्रयुक्त व्याकरणम् — 25 अङ्काः
   'घ' खण्डः पठितावबोधनम् — 30 अङ्काः
4. *प्रत्येकं खण्डम् अधिकृत्य उत्तराणि एकस्मिन् स्थाने क्रमेण लेखनीयानि।*
5. *उत्तरलेखनात् पूर्वं प्रश्नस्य क्रमाङ्कः अवश्यं लेखनीयः।*
6. *प्रश्नस्य क्रमाङ्कः प्रश्नपत्रानुसारम् एव लेखनीयः।*
7. *सर्वेषां प्रश्नानाम् उत्तराणि संस्कृतेन लेखनीयानि।*
8. *प्रश्नानां निर्देशाः ध्यानेन अवश्यं पठनीयाः।*

खण्डः 'क'

अपठितावबोधनम् (10 अङ्काः)

1. अधोलिखितं गद्यांशं पठित्वा प्रदत्तप्रश्नानाम् उत्तराणि संस्कृतेन लिखत— **[10]**

अतिविशालं खलु संस्कृतसाहित्यम्। अस्य कथासाहित्यम् अपि समृद्धम् अस्ति। 'पञ्चतन्त्रम्' महान् कथाग्रन्थः अस्ति। अस्य लेखकः 'विष्णुशर्मा' अस्ति। अस्य कथाः नैतिकशिक्षायुक्ताः सन्ति। पञ्चतन्त्रे पशवः पक्षिणः मानवाः च कथासु पात्राणि सन्ति। कथासु निरन्तरम् उत्सुकता वर्धते। 'महिलारोप्य' नामक नगरस्य 'अमरसिंह' इति नाम्नः भूपतेः राजनीति-ज्ञानशून्यान् चतुरः पुत्रान् शिक्षयितुम् एतद् विरचितमासीत् परं शीघ्रमेव पुस्तकमिदम् अतिप्रसिद्धं सञ्जातम्। पुरा ईरानदेशस्य राजा नौशेखाँ अस्य गुणान् उपयोगितां च निशम्य एतत् पठितुम् ऐच्छत्। अतस्तेन 'हकीमबुरजोई' नामकः सभापण्डितः भारतं प्रति प्रेषितः। सः वर्षद्वयम् अत्र उषित्वा संस्कृतभाषां पठितवान् पुनश्च पहलवीभाषया अस्य भाषान्तरम् अकरोत्। पञ्चतन्त्रं संस्कृतसाहित्यस्य प्रथमा एतादृशी कृतिरस्ति, यस्याः कथाः अनुवादमाध्यमेन इण्डोनेशिया-थाईलैण्ड-योरोप प्रभृति देशेषु अपि रुचिप्रदाः सञ्जाताः।

(अ) एकपदेन उत्तरत—(केवलं प्रश्नद्वयम्) **[2 × 1 = 2]**

(i) संस्कृतसाहित्यं कीदृशम् अस्ति?

(ii) पञ्चतन्त्रस्य लेखकः कः?

(iii) 'पञ्चतन्त्रम्' कीदृशः ग्रन्थः अस्ति?

(आ) पूर्णवाक्येन उत्तरत—(केवलं प्रश्नद्वयम्) **[2 × 2 = 4]**

(i) पञ्चतन्त्रं किमर्थं विरचितम् जातम्?

(ii) पञ्चतन्त्रस्य कथा भाषया भाषान्तरं जातम्?

(iii) पञ्चतन्त्रस्य कथाः कथम् इण्डोनेशिया-थाईलैण्ड प्रभृति देशेषु अपि रुचिप्रदाः सञ्जाताः?

(इ) अस्य गद्यांशस्य उचितं शीर्षकं संस्कृतेन लिखत। [1]

(ई) यथानिर्देशम् उत्तरत— [3 × 1 = 3]

(i) 'कथाग्रन्थः' इति पदस्य उचितं विशेषणपदं चिनुत—

(क) समृद्धम् **(ख)** प्रेषितः **(ग)** नैतिकशिक्षायुक्ताः **(घ)** महान्

(ii) 'यशः' इति पदस्य उचितं पर्यायपदं चिनुत—

(क) कृतिः **(ख)** कीर्तिः **(ग)** प्रथमा **(घ)** प्रसूता

(iii) 'कथासु निरन्तरम् उत्सुकता वर्धते' अत्र वाक्ये कर्तृपदं किम्?

(क) कथासु **(ख)** निरन्तरम् **(ग)** उत्सुक्ता **(घ)** वर्धते

खण्ड : 'ख'

रचनात्मकं कार्यम् (15 अङ्काः)

2. **पत्र-लेखन** [5]

(अ) अवकाशार्थं प्रार्थना-पत्रम्। पत्रं मञ्जूषाप्रदतपदैः पूरयित्वा पुनः लिखत—

मञ्जूषा

महोदयाः, माध्यमिक, श्रीमन्तः, निवेदयामि, ज्वरग्रस्त, असमर्थः चिकित्सेन, विश्रामाय, अवकाश, आज्ञाकारी

अथवा

(आ) भवान्/भवती रमेशः/रमा। शैक्षिक-भ्रमण-दले समावेशाय प्रधानाचार्यां प्रति लिखिते आवेदन पत्रे रिक्तस्थानानि मञ्जूषातः चित्वा, पूरयित्वा च पुनः पत्रं लिखत—

मञ्जूषा

अनेन, महती, अनुमतिः, प्रार्थयाममि, कृतार्थीकरणीयः, निवेदनीयम्, प्रधानाचार्याः, विद्यालये, शैक्षिकभ्रमणदलम्, शैक्षिकभ्रमणदले समावेशाय निवेदनम्।

3. (अ) **प्रदतं चित्रं दृष्ट्वा मञ्जूषायां प्रदत्तशब्दानां सहायतया पञ्च वाक्यानि संस्कृतेन लिखत—** [5 × 1 = 5]

मञ्जूषा

वहति, उद्यानस्य, पुष्पाणि, नदी, वृक्षाः, आकाशे, पर्वतः, दृश्यम्, हरीतिमा, सूर्यः, चन्द्रः, उदेति, प्राकृतिकम्, पादपाः

अथवा

(आ) निम्नलिखितं विषयमधिकृत्य मञ्जूषाप्रदत्तशब्दानां साहाय्येन न्यूनातिन्यूनं पञ्चभिः संस्कृतवाक्यैः एकम् अनुच्छेदं लिखत—

"मम विद्यालयः"

मञ्जूषा

सुन्दरः कक्षाः, विशालं, भवनम्, द्वारम्, क्रीडाङ्गणम्, सुसज्जितः, छात्राः, पुस्तकालयः, भवन्ति, सन्ति, पठन्ति, पाठयन्ति, क्रीडन्ति, वृक्षाः, प्रधानाचार्यः, सांस्कृतिककार्यक्रमाः।

4. अधोलिखितानि वाक्यानि संस्कृतभाषया अनूद्य लिखत— [5 × 1 = 5]

(i) कल तुम लोग कहाँ गए थे?
Where did you go yesterday?

(ii) घर के बाहर बगीचा है।
There is a garden outside.

(iii) भारत वीरों की भूमि है।
India is the land of brave.

(iv) मैं अपने जन्मदिन पर शिवालय जाऊँगा।
I will go to the temple on my birthday.

(v) मैं बाग में खेलता हूँ।
He play in the garden.

खण्ड : 'ग'

अनुप्रयुक्त व्याकरणम्

(25 अङ्काः)

5. (अ) अधोलिखितवाक्येषु रेखाङ्कितपदेषु सन्धिं सन्धिच्छेदं वा कुरुत— [4 × 1 = 4]

(i) अस्य पिता किं **तपः + तेपे।**

(ii) मम नृत्यं तु **प्रकृतेराराधना।**

(iii) नय माम् **अस्मात् + नगरात्** बहुदूरम्।

(iv) **इति + उक्त्वा**

अथवा

(आ) अधोलिखितवाक्युषे रेखाङ्कितपदेषु सन्धिं सन्धिच्छेदं वा कुरुत—

(i) **अन्योऽपि** बुद्धिमाँल्लोके मुच्यते महतो भयात्।

(ii) भूरि परिश्रम्य **किञ्चित् + वित्तम्** उपार्जितवान्।

(iii) **नमः + ते**

(iv) **अनु + अय**

6. अधोलिखितवाक्येषु रेखाङ्क्तिपदानां समासं विग्रहं वा प्रदत्तविकल्पेभयः चित्वा लिखत— [4 × 1 = 4]

(i) जननी **तुल्यवत्सला** अधिक भवति।
(क) तुल्यस्य वत्सला **(ख)** तुल्यानाम वत्सला **(ग)** तुला वात्सल्यं यस्य सः **(घ)** तुल्यं वात्सल्यं यस्याः सा

(ii) जनां **अनुरथं** धावति।
(क) रथस्य पश्चात् **(ख)** रथेन सहितम् **(ग)** रथस्य योग्यम् **(घ)** स्थानाम सह

(iii) **रामलक्ष्मणौ** विद्यालयं गच्छति।
(क) रामः च लक्ष्मणः च **(ख)** रामस्य लक्ष्मण **(ग)** रामाणाम् लक्ष्मणाम् **(घ)** रामाणाम् च लक्ष्मणाम् च

(iv) **कज्जलम् इव मलिनम्**
(क) कज्जलमलिनम् **(ख)** काजलमलिस्य **(ग)** कज्जलमात् **(घ)** समलम्

7. अधोलिखितवाक्येषु रेखाङ्क्तिपदानां प्रकृति-प्रत्ययौ संयोज्य विभज्य वा उचितम् उत्तरं विकल्पेभ्यः लिखत— [4 × 1 = 4]

(i) अन्योऽपि **बुद्धिमान्** लोके मुच्यते महतो भयात्।
(क) बुद्धि + तल **(ख)** बुद्धि + टाप् **(ग)** बुद्धि + मतुप् **(घ)** बुद्धि + त्व

(ii) नवमालिका रसालं **मिलिता** रुचिरं संगमनम्।
(क) मिलित + टाप् **(ख)** मिल् + टाप् **(ग)** मिल् + त्व **(घ)** मिल् + क्त

(iii) बुद्धिः **बल + मतुप्** तन्वि सर्वकार्येषु सर्वदा।
(क) बलमती (ख) बलवान् (ग) बलवती (घ) बलवत्यः

(iv) आकारस्य **लघु + त्व** कार्यबाधकः न भवेत्।
(क) लघुता (ख) लघुत्वम् (ग) लघुत्वा (घ) लघुत्वः

8. वाच्यानुसारम् उचितपदैः रिक्तस्थानानि पूरयित्वा संवादं पुनः लिखत— [3 × 1 = 3]

(i) **मोहनः** — रमे। किं तत्र शालायाम गायकः गीतानि गायति?
रमा — आम्, तत्र गायकेन गीतानि ....।
(क) गायति (ख) गायन्ति (ग) गीयन्ते (घ) गीयते

(ii) **मोहनः** — किं कापि बाला तत्र नृत्यति?
रमा — आम्, तत्र तु द्वे बाले ....।
(क) नृत्यति (ख) नृत्यतः (ग) नर्तिष्यतः (घ) नृत्यन्ति।

(iii) **मोहनः** — किम् इदानीं त्वम् अपि तत्र गच्छसि?
रमा — आम्, ... अपि तत्र गम्यते।
(क) अहम् (ख) वयम् (ग) मया (घ) त्वया

9. कालबोधकशब्दैः अधोलिखित-दिनचर्यां पूरयत— [4 × 1 = 4]

(i) चरितार्थः प्रातः <u>7:00</u> वादने उद्यानं गच्छति।
(ii) <u>8:00</u> वादने सः गृहं प्रत्यागच्छति।
(iii) तस्य प्रथमा कक्ष्या <u>9:30</u> वादने भवति।
(iv) <u>12:45</u> वादने सः अध्ययनकार्यात् मुक्तो भवति।

10. मञ्जूषायां प्रदत्तैः उचितैः अव्ययपदैः अधोलिखितवाक्येषु रिक्तस्थानानि पूरयत— [3 × 1 = 3]

(i) केचिद् अम्भोदाः .... गर्जन्ति।
(ii) उर्मिला सीता .... गीतं गायतः।
(iii) परीक्षकः .... परीक्षणं कृतवान्।

मञ्जूषा

च, ह्यः, वृथा,

11. अधोलिखितवाक्येषु रेखाङ्कित-अशुद्धपदाय उचितपदं चित्वा वाक्यानि पुनः लिखत— [3 × 1 = 3]

(i) ह्यः विद्यालयस्य वार्षिकोत्सवः **भविष्यति।**
(क) भवति (ख) भवतु (ग) अभवत् (घ) भवेत्

(ii) बलीवर्दः शरीरेण **दुर्बलम्** आसीत्।
(क) दुर्बलः (ख) दुर्बला (ग) दुर्बलस्य (घ) दुर्बलात्

(iii) **महावृक्षाः** सेवितव्यः।
(क) महावृक्षे (ख) महावृक्षः (ग) महावृक्षस्य (घ) महावृक्षम्

खण्ड : 'घ'

पठितावबोधनम् (30 अङ्काः)

12. अधोलिखितं गद्यांशं पठित्वा प्रदत्तप्रश्नानाम् उत्तराणि संस्कृतेन लिखत— [5]

विचित्रा देवगतिः। तस्यामेव रात्रौ तस्मिन् गृहे कश्चन चौरः गृहाभ्यन्तरं प्रविष्टः। तत्र निहितामेकां मञ्जूषाम् आदाय पलायितः। चौरस्य पादध्वनिना प्रबुद्धोऽतिथिः चौरशङ्कया तमन्वधावत् अगृहणाच्च, परं विचित्रमघटत। चौरः एव उच्चैः क्रोशितुमारभत "चौरोऽयं चौरोऽयं" इति। तस्य तारस्वरेण प्रबुद्धाः ग्रामवासिनः स्वगृहाद् निष्क्रम्य तत्रागच्छन् वराकमतिथिमेव च चौरं मत्वाऽभर्त्सयन्। यद्यपि ग्रामस्य आरक्षी एवं चौर आसीत्। तत्क्षणमेव रक्षापुरुषः तम् अतिथिं 'चौरोऽयम्' इति प्रख्याप्य कारागृहे प्राक्षिपत्।

(i) **एकपदेन उत्तरत—(केवलं प्रश्नद्वयम्)** [2 × ½ = 1]
(क) कीदृशी दैवगतिः?

(ख) कः एकां मञ्जूषाम् आदाय पलायितः?
(ग) अतिथः केन प्रबुद्धः?

(ii) **पूर्णवाक्येन उत्तरत—(केवलं प्रश्नद्वयम्)** [2 × 1 = 2]
(क) ग्रामवासिनः कं चौरः मत्वा अभर्त्सयन्?
(ख) "चौरोऽयं चौरोऽयं" इति कः उच्चैः क्रोशितुमारभत?
(ग) वस्तुतः चौरः कः आसीत्?

(iii) **निर्देशानुसारम् उत्तरत—** [2 × 1 = 2]
(अ) (क) 'अद्‌भुता' इत्यस्य किं पर्यायपदं गद्यांशे प्रयुक्तम्?
(ख) 'अभर्त्सयन्' इति पदस्य कर्तृपदं किम्?

अथवा

(आ) (क) 'ग्रामवासिनः' इति पदस्य किम् विशेषणपदं गद्यांशे प्रयुक्तम्?
(ख) 'निर्गतः' इति पदस्य किम् विलोमपदं गद्यांशे प्रयुक्तम्?

13. अधोलिखितं पद्यांशं पठित्वा प्रदत्तप्रश्नान् संस्कृतेन उत्तरत— [5]

उदीरितोऽर्थः पशुनापि गृह्यते, हयाश्च नागाश्च वहन्ति बोधिताः।
अनुक्तमप्यूहति पण्डितो जनः, परेङ्गितज्ञानफला हि बुद्धयः।।

(i) **एकपदेन उत्तरत—(केवलं प्रश्नद्वयम्)** [2 × ½ = 1]
(क) कीदृशाः नागाः वहन्ति?
(ख) पशुना कीदृशः अर्थ गृह्यते?
(ग) परेङ्गितज्ञानफलाः काः भवन्ति?

(ii) **पूर्णवाक्येन उत्तरत—(केवलं प्रश्नद्वयम्)** [2 × 1 = 2]
(क) पण्डितः जनः किं करोति?
(ख) मतयः कीदृश्यः भवन्ति?
(ग) के के बोधिताः भारं वहन्ति?

(iii) **निर्देशानुसारम् उत्तरत—** [2 × 1 = 2]
(अ) (क) 'नागश्च वहन्ति बोधिताः' अस्मिन् वाक्ये क्रियापदं किम्?
(ख) 'गजाः' इत्यस्य किं पर्यायपदं प्रयुक्तम्?

अथवा

(आ) (क) 'पण्डितः' इत्यस्य विशेष्यपदं चित्वा लिखत।
(ख) 'अश्वाः' इति पदस्य किम् पर्यायपदं प्रयुक्तम्?

14. अधोलिखितं नाट्यांशं पठित्वा प्रदत्तप्रश्नानाम् उत्तराणि संस्कृतन लिखत [5]

काकः - आम् सत्यं कथितं त्वया वस्तुतः वनराजः भवितुं तु अहमेव योग्यः ।

पिकः - (उपहसन) कथं त्वं योग्यः वनराजः भवितुं यत्र तत्र का-का इति कर्कशध्वनिना वातावरणमाकुलीकरोधि। न रूपम्, न ध्वनिरस्ति। कृष्णवर्णम् मेध्यामेध्यभक्षकं त्वां कथं वनराजं मन्यामहे वयम् ?

काकः - अरे! अरे! कि जल्पसि? यदि अहं कृष्णवर्णः तर्हि त्वं किं गौराङ्ग ? अपि च विस्मर्यते किं यत् मम सत्यप्रियता तु जनानां कृते उदाहरणस्वरूपा 'अनृतं वदसि चेत् काकः दशेत्' इति प्रकारेण। अस्माकं परिश्रमः ऐक्यं च विश्वप्रथितम्। अपि च काकचेष्टः विद्यार्थी एवं आदर्शच्छात्रः मन्यते।

(i) **एकपदेन उत्तरत (केवलं प्रश्नद्वयम्)—** [2 × ½ = 1]

(क) 'वनराजः भवितुम् अहमेव योग्यः' इति कः कथयति ?

(ख) काकम् मेध्यामेध्यभक्षकं कः मन्यते ?

(ग) कीदृशः विद्यार्थी आदर्शच्छात्रः मन्यते ?

(ii) **पूर्णवाक्येन उत्तरत (केवलं प्रश्नद्वयम्)** [2 × 1 = 2]

(क) कस्य न रूपं न ध्वनिः अस्ति?

(ख) काकस्य सत्यप्रियता जनानां कृते उदाहरणस्वरूपा कथं प्रसिद्धा अस्ति?

(ग) कृष्णवर्णः कः आसीत्?

(iii) निर्देशानुसारम् उत्तरत— [2 × 1 = 2]

(अ) (क) नाट्यांशे 'मन्यामहे' इति क्रियायाः कर्तृपदं किम्?

(ख) 'योग्यः वनराजः' इत्यत्र विशेष्यपदं किम् ?

अथवा

(आ) (क) नाट्यांशे 'कृष्णवर्णः' इत्यस्य किं विलोमपदं प्रयुक्तम्?

(ख) अनुच्छेदे 'वायसः' इति पदस्य अत्र किम् पर्याय प्रयुक्तम्?

15. अधोलिखित-रेखाङ्कितपदानि आधृत्य प्रश्ननिर्माणं कुरुत— [4 × 1 = 4]

(i) अहं वन्यजन्तूनाम् उपरि आक्रमणं कर्तारं **वनात्** बहिष्करिष्यामि।

(ii) मां **निजगले** बद्ध्वा चल सत्वरम्।

(iii) चौरस्य पादध्वनिना **अतिथिः** प्रबुद्धः।

(iv) गजः वन्यपशून् तुदन्तं **शुण्डेन** पोथयित्वा मारयति।

16. (अ) मञ्जूषायाः सहायतया अधोलिखित-श्लोकस्य अन्वयं पूरयित्वा पुनः लिखत— [4 × 1 = 4]

पिता यक्ष्छति पुत्राय बाल्ये विद्याधनं महत्।
पिताऽस्य किं तपस्तेपे इत्युक्तिस्तत्कृतज्ञता।

अन्वयः — पिता **(i)** .... बाल्ये महत्। **(ii)** .... यच्छति, अस्य **(iii)** .... किं तपः तेपे इति **(iv)** .... तत्कृतज्ञता।

मञ्जूषा

पिता, उक्तिः, विद्याधनम्, पुत्राय

अथवा

(आ) अधोलिखितश्लोकस्य भावार्थे रिक्तस्थानानि मञ्जूषायाः साहाय्येन पूरयित्वा पुनः लिखत—

य इच्छत्यात्मनः श्रेयः प्रभूतानि सुखानि च।
न कुर्यादहितं कर्म स परेभ्यः कदापि च।।

भावार्थः — अस्य भावोऽस्ति यत् यः मानवः **(i)** .... कल्याणम् अधिकं च सुखम् **(ii)** ...., सः कदापि अन्येषां जनानां कृते अकल्याणकरं **(iii)** .... न कुर्यात् अपितु सर्वदा **(iv)** .... कर्म कुर्यात्।

मञ्जूषा

इच्छति, कर्म, कल्याणकरम्, आत्मनः

17. अधोलिखितानि वाक्यानि घटनाक्रमानुसारं संयोज्य पुनः लिखत— [8 × ½ = 4]

(i) स तामेव असान्त्वयत् 'गच्छ वत्से! सर्वं भद्रं जायेत।'

(ii) 'बहूनि अपत्यानि मे सन्ति' इति सत्यम्।

(iii) सर्वेषु सन्तानेषु जननी तुल्यवत्सला एव।

(iv) अचिरादेव चण्डवातेन मेघरवैः च सह प्रवर्षः समजायत।

(v) सुरभिवचनं श्रुत्वा इन्द्रस्य हृदयम् अद्रवत्।

(vi) यतोहि अयम् अन्येभ्यः दुर्बलः।

(vii) तथापि दुर्बले सुते मातुः अधिका कृपा भवति।

(viii) तथापि मम अस्मिन् पुत्रे विशिष्टः स्नेहः।

18. **अधोलिखितवाक्येषु रेखाङ्कितपदानां प्रसङ्गानुकूलम् उचितार्थं चित्वा लिखत—** [3 × 1 = 3]

(i) **अपरः** वानरः सिंहस्य पुच्छं धुनाति।

(क) अनेकाः **(ख)** अन्यः **(ग)** प्रथमः **(घ)** एकः

(ii) रसालमुकुलानि **भृङ्गाः** समाश्रयन्ते।

(क) हयाः **(ख)** नागाः **(ग)** गजाः **(घ)** भ्रमराः

(iii) **वासव!** अहं पुत्रस्य वैन्यं दृष्ट्वा रोदिमि।

(क) पुत्र! **(ख)** इन्द्र! **(ग)** गणेश! **(घ)** शिव!

प्रतिदर्श प्रश्न–पत्र-9

हल सहित

अवधिः 3 होरा **पूर्णाङ्काः** 80

सामान्य निर्देशाः

1. *कृपया समयक्तया परीक्षणं कुर्वन्तु यत् अस्मिन् प्रश्नपत्रे 10 पृष्ठानि मुद्रितानि सन्ति।*
2. *कृपया समयक्तया परीक्षणं कुर्वन्तु यत् अस्मिन् प्रश्नपत्रे 18 प्रश्नाः सन्ति।*
3. *अस्मिन् प्रश्नपत्रे चत्वारः खण्डाः सन्ति।*

   'क' खण्डः अपठितावबोधनम् — 10 अङ्काः

   'ख' खण्डः रचतात्मककार्यम् — 15 अङ्काः

   'ग' खण्डः अनुप्रयुक्त व्याकरणम् — 25 अङ्काः

   'घ' खण्डः पठितावबोधनम् — 30 अङ्काः
4. *प्रत्येकं खण्डम् अधिकृत्य उत्तराणि एकस्मिन् स्थाने क्रमेण लेखनीयानि।*
5. *उत्तरलेखनात् पूर्व प्रश्नस्य क्रमाङ्कः अवश्यं लेखनीयः।*
6. *प्रश्नस्य क्रमाङ्कः प्रश्नपत्रानुसारम् एव लेखनीयः।*
7. *सर्वेषां प्रश्नानाम् उत्तराणि संस्कृतेन लेखनीयानि।*
8. *प्रश्नानां निर्देशाः ध्यानेन अवश्यं पठनीयाः।*

खण्डः 'क'

अपठितावबोधनम् (10 अङ्काः)

1. अधोलिखितं गद्यांशं पठित्वा प्रदत्तप्रश्नानाम् उत्तराणि संस्कृतेन लिखत— **[10]**

एकदा सर्वे पक्षिणः मिलित्वा उलूकं स्वाधिपतिं विधातुं विचारितवन्तः। तस्य अभिषेकवेलापि तैः निश्चिता। ततो यदा अभिषेकोत्सवः प्रारब्धः तदैव कश्चित् वायसः तत्रागच्छत्। उलूकस्याभिषेक- समाचारं श्रुत्वा सोऽवदत्—"भोः! किं विचार्य भवद्भिः एषः दिवान्धः उलूकः राजपदे प्रतिष्ठापयितुं निश्चितः? यस्य देशस्य राजा एवम् अन्धो भविष्यति तस्य प्रजा अपि तथैव भविष्यति। किं न श्रुतं भवद्भिः यथा राजा तथा प्रजा इति।" ततः सर्वेऽपि तस्य परामर्श मत्वा यत्र तत्र प्रस्थिताः। कथैषा पुरातनी परम् अस्याः तात्पर्यं तु अद्यापि अक्षरशः सत्यम्। लोकतान्त्रिकदेशेषु यथा राष्ट्रप्रमुखः सर्वकारो वा तथा तस्य देशस्य स्थितिः भवति। अतः राजपदे योग्यजनः एव प्रतिष्ठापयितव्यः। सम्प्रति यथा नेतारः तथा जनाः।

(अ) एकपदेन उत्तरत—(केवलं प्रश्नद्वयम्) **[2 × 1 = 2]**

(i) पक्षिणः कं स्वाधिपति विधातुम् उद्यताः?

(ii) यदा अभिषेकोत्सवः प्रारब्धः तदा कः तत्रागच्छत्?

(iii) राजपदे कीदृशः जनः प्रतिष्ठापयितव्यः?

(आ) पूर्णवाक्येन उत्तरत—(केवलं प्रश्नद्वयम्) **[2 × 2 = 4]**

(i) वायसः उलूकस्य राजपदे प्रतिष्ठापनविषये किम् अवदत्?

(ii) लोकतान्त्रिकदेशेषु देशस्य कीदृशी स्थितिः भवति?

(iii) वायसः तत्र कदा आगच्छत्?

(इ) अस्य अनुच्छेदस्य कृते उपयुक्तं शीर्षकं संस्कृतेन लिखत। **[1]**

(ई) यथानिर्देशम् उत्तरत— [3 × 1 = 3]

(i) 'काकः' इत्यस्य किं समानार्थकपदं गद्यांशे प्रयुक्तम्?

(क) वायसः **(ख)** उलूक **(ग)** जनाः **(घ)** राजा

(ii) 'आगच्छत्' इति क्रियायाः कर्तृपदं गद्यांशात् चित्वा लिखत।

(क) वायसः **(ख)** राजा **(ग)** उलूकः **(घ)** जनाः

(iii) 'नवीना' इत्यस्य विलोमपदं गद्यांशात् चित्वा लिखत।

(क) पुरातनी **(ख)** नई **(ग)** पुराना **(घ)** अनवीना

खण्ड : 'ख'

रचनात्मकं कार्यम् (15 अङ्काः)

2. (अ) **भवान् अभिनवः। भवान् पितुः स्थानान्तरणवशात् असमप्रदेशम् आगतः। स्थानान्तरण- प्रमाणपत्रं प्राप्तुं प्रधानाचार्यं प्रति लिखिते प्रार्थनापत्रे उत्तरपुस्तिकायां लिखतु।** [5]

मञ्जूषा

सविनयम्, पठामि, प्रधानाचार्या, परिवारेण, करिष्यति, प्रदाय, स्थानान्तरणम्, पठिष्यामि, महती, आज्ञाकारी।

अथवा

(आ) **'भवतः विद्यालयस्य शिक्षकाः शैक्षिक भ्रमणाय छात्रान् हरिद्वारस्थितं पतञ्जलियोगपीठं नेष्यन्ति। भवानपि तत्र गन्तुम् इच्छति। एतदर्थम् अनुमतिं धनञ्चि प्राप्तुं पितरं प्रति मञ्जूषायां प्रदत्तसङ्केतानां सहायतया पत्रमेकं लिखत।** [5 × 1 = 5]

मञ्जूषा

अहम्, आदरणीयाः, सादरम्, मम, अध्यापकाः, हरिद्वारम्, प्रणामाः, अत्र, कुशली, अनुमतिम्, तैः सह, शैक्षिकभ्रमणाय, इच्छामि, सार्धद्विसहस्रम्, रूप्यकाणि, प्रेषयन्तु, मातरम्, मार्गव्ययार्थम्, भवतः, अनुजाय, प्रणामान्, स्नेहः

3. (अ) **प्रदतं चित्रं दृष्ट्वा मञ्जूषायां प्रदत्तशब्दानां सहायतया पञ्च वाक्यानि संस्कृतेन लिखत—** [5 × 1 = 5]

मञ्जूषा

उपवनम्, वृक्षाः, पादपाः, वानरः, पुष्पाणि, पक्षिणः, कन्दुकः, इदं, कन्दुकेन, त्रयः, उपरि, अस्ति, सन्ति, उपविशति, पश्यति, क्रीडन्ति, चित्रम्, प्रसन्नाः, खादति, आकाशे, कूजन्ति, विचरन्ति, फलम्, उपवनस्य।

अथवा

(आ) **निम्नलिखितं विषयमधिकृत्य मञ्जूषाप्रदत्तशब्दानां साहाय्येन न्यूनातिन्यूनं पञ्चभिः संस्कृतवाक्यैः एकम् अनुच्छेदं लिखत—**

"जीवने परिश्रमस्य महत्त्वम्"

मञ्जूषा

परिश्रमेण, मनुष्यः, प्राप्नोति, जीवनस्य, आधारशिला, सुखं, विद्यां, धनं, महापुरुषाः, सफलतां, सिध्यन्ति, प्राप्नुवन्ति, कार्याणि।

4. अधोलिखितानि वाक्यानि संस्कृतभाषया अनूद्य लिखत— **[5 × 1 = 5]**

1. कर्मचारी अपना कार्य करता है।
   The employee does his work.
2. राम और मोहन ने खेत जोता था।
   Ram and Mohan were ploughing the field.
3. मैं आलस्य का त्याग करूँगा।
   I will give up laziness.
4. कल श्याम कहाँ था?
   Where were you yesterday evening?
5. हमें रोज़ पढ़ना चाहिए।
   We should study daily.

खण्ड : 'ग'

अनुप्रयुक्त व्याकरणम् (25 अङ्काः)

5. (अ) अधोलिखितवाक्येषु रेखाङ्कितपदेषु सन्धिं सन्धिच्छेदं वा कुरुत— **[4 × 1 = 4]**

(i) व्याघ्रमारी **काचित् + इयं** इति मत्वा व्याघ्रः भयाकुलचित्तो नष्टः।

(ii) **हिमकरोऽपि** बालभवात् पशुपति मस्तक-केतकच्छदत्वम्।

(iii) गावश्च गोभिः **तुरङ्गास्तुरङ्गैः।**

(iv) भगवान **जगन्नाथ** दयालुः अस्ति।

अथवा

(आ) अधोलिखितवाक्युषे रेखाङ्कितपदेषु सन्धिं सन्धिच्छेदं वा कुरुत—

(i) **तयोः + एकः**

(ii) "कथमेकैकशो व्याघ्रभक्षणाय कलहं कुरुथः? अयमेकः **तावद्विभज्य।**"

(iii) **अशक्तश्च**

(iv) **प्रति + एकम्**

6. अधोलिखितवाक्येषु रेखाङ्कितपदानां समासं विग्रहं वा प्रदत्तविकल्पेभयः चित्वा लिखत— **[4 × 1 = 4]**

(i) किं **वनराजपदाय** सुपात्रं चीयते?

(क) वनराजः पदाय **(ख)** वनराजा पदाय **(ग)** वनराजे पदाय **(घ)** वनराजस्य पदाय

(ii) **प्रजासुखे** सुखं राज्ञः।

(क) प्रजा सुखे च **(ख)** प्रजानां सुखे **(ग)** प्रजाः सुखं च **(घ)** प्रजायाः सुखं च

(iii) दीने पुत्रे माता **कृपया आर्द्र हृदयं यस्याः सा** भवेत्।

(क) कृपार्द्रहृदया **(ख)** कृपयार्द्रहृदया **(ग)** कृपहृदयार्द्रा **(घ)** कृपाद्राहृदया

(iv) **सव्यवधानं** न चारित्रलोपाय।

(क) व्यवधानं सह **(ख)** व्यवधानेन सहितम् **(ग)** व्यवधानाय सहितम् **(घ)** व्यवधानस्य सहितम्

7. अधोलिखितवाक्येषु रेखाङ्क्तिपदानां प्रकृति-प्रत्ययौ संयोज्य विभज्य वा उचितम् उत्तरं विकल्पेभ्यः चित्वा लिखत—(केवलं प्रश्नचतुष्टयम्) **[4 × 1 = 4]**

(i) शतादीनां **सहिष्णुता।**

(क) सहिष्णु + त्व **(ख)** सहिष्णु + तल् **(ग)** सहिष्णु + मतुप् **(घ)** सहिष्णु + ता

(ii) **स्थिरत्वं** लाघवं मृजा।

(क) स्थिर + मतुप् **(ख)** स्थिर + टाप् **(ग)** स्थिर + त्व **(घ)** स्थिरत्व + त्वम्

(iii) व्याघ्रजाद् भयात् **बुद्धिमती।**

(क) बुद्धिमत + ङीप् **(ख)** बुद्धिमान् + टाप् **(ग)** बुद्धिमती + ङीप् **(घ)** बुद्धि + मती

(iv) सुश्रुतः एक श्रेष्ठ **धार्मिकः** आसीत्।

(क) धर्म + ठक् (ख) धर्म + घञ् (ग) धार्मिक + ठक् (घ) धर्म + इक

8. वाच्यानुसारम् उचितपदैः रिक्तस्थानानि पूरयित्वा संवादं पुनः लिखत— [3 × 1 = 3]

(i) साक्षी-किं .... पुस्तकस्य पदानुशीलनीम् अपि पश्यसि?

(क) अहम् (ख) त्वम् (ग) त्वया (घ) सा

(ii) संस्कृतिः—आम्! मया पदानुशीलनी अति .... ?

(क) दृश्यते (ख) दृश्यति (ग) दृश्यन्ति (घ) दृश्यन्ते

(iii) साक्षी—किम् अधुना त्वया .... लिखयन्तु?

(क) शब्दरूप (ख) शब्दरूपः (ग) शब्दरूपाणि (घ) त्वया

9. कालबोधकशब्दैः अधालिखित-दिनचर्या पूरयत— [4 × 1 = 4]

(i) अहं नित्यं रात्रौ .... (8:30) भोजनं करोमि।

(ii) तदन्तरं .... (8:45) भ्रमणाय गच्छामि।

(iii) तदा .... (9:30) मनोरञ्जनाय दूरदर्शनं पश्यामि।

(iv) दूरदर्शनं दृष्ट्वा .... (10:00) पठनं करोमि।

10. मञ्जूषायां प्रदत्तैः उचितैः अव्ययपदैः अधोलिखितवाक्येषु रिक्तस्थानानि पूरयत— [3 × 1 = 3]

(i) भवान् पुस्तकं .... क्रीतवान्?

(ii) .... कुत्रापि मा गच्छ।

(iii) अहम् .... तत्र गन्तुम् इच्छामि।

मञ्जूषा

अपि, कुतः, अधुना,

11. अधोलिखितवाक्येषु रेखाङ्कित-अशुद्धपदाय उचितपदं चित्वा वाक्यानि पुनः लिखित— [3 × 1 = 3]

(i) त्वं द्रौणेः चपलां प्रकृतिं न जानाति।

(क) भवन्तः (ख) वयम् (ग) भवान् (घ) युवाम्

(ii) श्वः त्वं किं **करोषि?**

(क) करिष्यसि (ख) अकरोत् (ग) अकरोः (घ) करिष्यति

(iii) ह्यः कार्यक्रमः **अस्ति।**

(क) सन्ति (ख) आसीत् (ग) अस्य (घ) स्तः

खण्ड : 'घ'

पठितावबोधनम् (30 अङ्काः)

12. अधोलिखितं गद्यांशं पठित्वा प्रदत्तप्रश्नानाम् उत्तराणि संस्कृतेन लिखत— [5]

अग्रिमे दिने स आरक्षी चौर्याभियोगे तं न्यायालयं नीतवान्। न्यायाधीशो बंकिमचन्द्रः उभाभ्यां पृथक्-पृथक् विवरणं श्रुतवान्। सर्वं वृत्तमवगत्य स तं निर्दोषम् अमन्यत आरक्षिणं च दोषभाजनम्। किन्तु प्रमाणाभावात् स निर्णेतुं नाशक्नोत्। ततोऽसौ तौ अग्रिमे दिने उपस्थातुम् आदिष्टवान्। अन्येद्युः तौ न्यायालये स्व-स्व-पक्षं पुनः स्थापितवन्तौ। तदैव कश्चिद् तत्रत्यः कर्मचारी समागत्य न्यवेदयत् यत् इतः क्रोशद्वयान्तराले कश्चिज्जनः केनापि हतः। तस्य मृतशरीरं राजमार्गम् निकषा वर्तते। आदिश्यतां किं करणीयमिति। न्यायाधीशः आरक्षिणम् अभियुक्तं च तं शवं न्यायालये आनेतुमादिष्टवान्।

(i) **एकपदेन उत्तरत— (केवलं प्रश्नद्वयम्)** [2 × ½ = 1]

(क) न्यायाधीशस्य नाम किम्?

(ख) न्यायाधीशः तम् अतिथिं कीदृशम् अमन्यत?

(ग) तौ कुत्र स्व स्व पक्षं स्थापितवन्तौ?

(ii) **पूर्णवाक्येन उत्तरत—(केवलं प्रश्नद्वयम्)** [2 × 1 = 2]

(क) न्यायाधीशः आरक्षिणम् अभियुक्तं च किम् आदिष्टवान्?

(ख) तत्रत्य: कर्मचारी किं न्यवेदयत्?

(ग) न्यायाधीश: किमर्थं निर्णेतुं नाशक्नोत्?

(iii) निर्देशानुसारम् उत्तरत— [2 × 1 = 2]

(अ) (क) 'अमन्यत' इत्यस्य क्रियापदस्य कर्तृपदं किम्?

(ख) 'पटाच्छादितम्' इति विशेषणपदस्य किं विशेष्यपदं प्रयुक्तम्?

अथवा

(आ) (क) 'समीपम्' इत्यस्य किं पर्यायपदं प्रयुक्तम्?

(ख) श्रुतवान् इति पदस्य कर्तृपदं किम्?

13. अधोलिखितं पद्यांशं पठित्वा प्रदत्तप्रश्नान् संस्कृतेन उत्तरत— [5]

य इच्छत्यात्मनः श्रेयः प्रभूतानि सुखानि च।
न कुर्यादहितं कर्म स परेभ्यः कदापि च।।

(i) एकपदेन उत्तरत—(केवलं प्रश्नद्वयम्) [2 × ½ = 1]

(क) मनुष्य: आत्मने कियन्ति सुखानि इच्छति?

(ख) नर: केभ्य: अहितं कर्म न कुर्यात्?

(ग) कीदृशं कर्म न करणीयम्?

(ii) पूर्णवाक्येन उत्तरत—(केवलं प्रश्नद्वयम्) [2 × 1 = 2]

(क) आत्मन: श्रेय: इच्छान् नर: कीदृशं कर्म न कुर्यात्?

(ख) क: परेभ्य: अहितं कर्म न कुर्यात्?

(ग) परोपकारेण कस्य श्रेय: भवति?

(iii) निर्देशानुसारम् उत्तरत—

(अ) (क) 'य:' इति कर्तृपदस्य क्रियापदं किम्? [2 × 1 = 2]

(ख) 'कल्याणम्' इत्यस्य पदस्य क: पर्याय: श्लोके प्रयुक्तम्?

अथवा

(आ) (क) 'अहितं कर्म' अनयो: पदयो: कि विशेष्यपदम्?

(ख) 'निजेभ्य:' इत्यस्य किं विलोमपदं श्लोके प्रयुक्तम्?

14. अधोलिखितं नाट्यांशं पठित्वा प्रदत्तप्रश्नानाम् उत्तराणि संस्कृतेन लिखत— [5]

(एतस्मिन्नेव काले व्याघ्रचित्रकौ अपि नदीजलं पातुमागतौ एतं विवादं श्रुणुत: वदत: च)

व्याघ्रचित्रकौ—अरे किं वनराजपदाय सुपात्रं चीयते? एतदर्थं तु आवामेव योग्यौ। यस्य कस्यापि चयनं कुर्वन्तु सर्वसम्मत।

सिंहः — तूष्णीं भव भो:। युवामपि मत्सदृशौ भक्षकौ न तु रक्षकौ। एते वन्यजीवा: भक्षकं रक्षकपदयोग्यं न मन्यन्ते विचारविमर्श: प्रचलति।

बकः—सर्वथा सम्यगुक्तम् सिंहमहोदयेन। वस्तुत: एवं सिंहेन बहुकालपर्यन्तं शासनं कृतम् परमधुना तु कोऽपि पक्षी राजेति निश्चेतव्यम् अत्र तु संशीतिलेशस्यापि अवकाश: एव नास्ति।

सर्वे पक्षिणः (उच्चैः)—आम् आम्-कश्चित् खग: एवं वनराज: भविष्यति इति।

(i) एकपदेन उत्तरत—(केवलं प्रश्नद्वयम्) [2 × ½ = 1]

(क) कौ नदीजलं पातुमागतौ?

(ख) 'तूष्णीं भव' इति क: कथयति?

(ग) किमर्थं सुपात्रं चीयते?

(ii) पूर्णवाक्येन उत्तरत—(केवलं प्रश्नद्वयम्) [2 × 1 = 2]

(क) वन्यजीवा: कं रक्षकपदयोग्यं न मन्यन्ते?

(ख) कुत्र संशीतिलेशस्यापि अवकाश: एवं नास्ति?

(ग) सर्वे पक्षिण: उच्चै: किं कथयन्ति?

(iii) **निर्देशानुसारम् उत्तरत—** [2 × 1 = 2]

(अ) (क) 'एतस्मिन्नेव काले व्याघ्रचित्रकौ अपि नदीजलं पातुम आगतौ' वाक्ये किं कर्तृपदम् प्रयुक्तम्?

(ख) 'पक्षिण:' इति विशेष्यपदस्य विशेषणपदं किम्?

अथवा

(आ) (क) 'भक्षकौ' विपर्यय अत्र किम् प्रयुक्तम्।

(ख) 'कलहम्' इति पदस्य पर्यायपदं गद्यांशे प्रयुक्तम्?

15. अधोलिखित-रेखाङ्कितपदानि आधृत्य प्रश्ननिर्माणं कुरुत— [4 × 1 = 4]

(i) **'कालायसचक्र'** सदा वक्र भ्रमति।

(ii) सा **निजबुद्ध्या** भयाद् विमुक्ता।

(iii) **रामः** सवाष्पम् अवलोकयति।

(iv) करुणापरो गृही **तस्मै** आश्रयं प्रायच्छत्।

16. (अ) मञ्जूषायाः सहायतया अधोलिखित-श्लोकस्य अन्वयं पूरयित्वा पुनः लिखत— [4 × 1 = 4]

रे रे चातक! सावधानमनसा मित्र! क्षणं श्रूयता-

मम्भोदा बहवो हि सन्ति गगने सर्वेऽपि नैतादृशाः।

केचिद् वृष्टिभिरार्द्रयन्ति वसुधां गर्जन्ति केचिद् वृथा,

यं यं पश्यसि तस्य तस्य पुरतो मा ब्रूहि दीनं वचः।।

अन्वयः —रे रे मित्र चातक। **(i)** .... क्षणं श्रूयताम्। गगने हि बहवः **(ii)** .... सन्ति। सर्वे अपि एतादृशाः न (सन्ति)। केचिद् वृष्टिभिः **(iii)** .... आर्द्रयन्ति, केचिद् वृथा गर्जन्ति, (त्वम्) यं यं पश्यसि तस्य तस्य पुरतः दीनं **(iv)** .... मा ब्रूहि।

मञ्जूषा

अम्भोदाः, वसुधाम्, वचः, सावधानमनसा

अथवा

(आ) अधोलिखितश्लोकस्य भावार्थे रिक्तस्थानानि मञ्जूषायाः साहाय्येन पूरयित्वा पुनः लिखत—

विद्वांस एव लोकेऽस्मिन् चक्षुष्मन्तः प्रकीर्तिताः।

अन्येषां वदने ये तु ते चक्षुर्नामनी मते।।

भावार्थः —अस्य भावः अस्ति यत् अस्मिन् संसारे **(i)** .... एव **(ii)** .... मन्यन्ते यतोहि ते ज्ञानवन्तः भवन्ति ज्ञानं च मनुष्यस्य वास्तविकं **(iii)** .... अस्ति। अन्येषां जनानां **(iv)** .... ये नेत्रे भवतः ते तु चक्षुर्नामनी भवतः। ज्ञानं विना ते अन्ध इव भवन्ति।

मञ्जूषा

मुखे, बुद्धिमन्तः, नेत्रवन्तः, चक्षुः

17. अधोलिखितानि वाक्यानि घटनाक्रमानुसारं संयोज्य पुनः लिखत— [8 × ½ = 4]

(i) व्याघ्रः व्याघ्रमारी इयमिति मत्वा पलायितः।

(ii) प्रत्युत्पन्नमतिः सा शृगालम् आक्षिपन्ती उवाच।

(iii) जम्बुककृतोत्साहः व्याघ्रः पुनः काननम् आगच्छत्।

(iv) मार्गे सा एकं व्याघ्रम् अपश्यत्।

(v) व्याघ्रं दृष्ट्वा सा पुत्रौ ताडयन्ती उवाच-अधुना एकमेव व्याघ्रः विभज्य भुज्यताम्।

(vii) बुद्धिमती पुत्रद्वयेन उपेता पितुर्गृहं प्रति चलिता।

(vii) 'त्व व्याघ्रत्रयम् आनेतुं प्रतिज्ञाय एकमेव आनीतवान्'।

(viii) गलबद्ध शृगालकः व्याघ्रः पुनः पलायितः।

18. अधोलिखितवाक्येषु रेखाङ्कितपदानां प्रसङ्गानुकूलम् उचितार्थं चित्वा लिखत– [3 × 1 = 3]

(i) निसर्गे **पाषाणी** सभ्यता समाविष्टा न स्यात्।

(क) पाषाण: **(ख)** शुचि **(ग)** पत्थर **(घ)** कज्जमलिनं

(ii) भगवान: **सहस्रदीधिति:**।

(क) सूर्य: **(ख)** शतम् **(ग)** विदूषक: **(घ)** शतम्

(iii) काष्ठगत: **वह्नि:** एव काष्ठं भस्मीकरोति।

(क) भ्रात: **(ख)** अग्नि: **(ग)** जलम् **(घ)** भ्रात:

■■

प्रतिदर्श प्रश्न–पत्र-10

हल सहित

अवधिः 3 होरा **पूर्णाङ्काः** 80

सामान्य निर्देशाः

1. *कृपया समयक्तया परीक्षणं कुर्वन्तु यत् अस्मिन् प्रश्नपत्रे 10 पृष्ठानि मुद्रितानि सन्ति।*
2. *कृपया समयक्तया परीक्षणं कुर्वन्तु यत् अस्मिन् प्रश्नपत्रे 18 प्रश्नाः सन्ति।*
3. *अस्मिन् प्रश्नपत्रे चत्वारः खण्डाः सन्ति।*
   - 'क' खण्डः अपठितावबोधनम् — 10 अङ्काः
   - 'ख' खण्डः रचतात्मककार्यम् — 15 अङ्काः
   - 'ग' खण्डः अनुप्रयुक्त व्याकरणम् — 25 अङ्काः
   - 'घ' खण्डः पठितावबोधनम् — 30 अङ्काः
4. *प्रत्येकं खण्डम् अधिकृत्य उत्तराणि एकस्मिन् स्थाने क्रमेण लेखनीयानि।*
5. *उत्तरलेखनात् पूर्व प्रश्नस्य क्रमाङ्कः अवश्यं लेखनीयः।*
6. *प्रश्नस्य क्रमाङ्कः प्रश्नपत्रानुसारम् एव लेखनीयः।*
7. *सर्वेषां प्रश्नानाम् उत्तराणि संस्कृतेन लेखनीयानि।*
8. *प्रश्नानां निर्देशाः ध्यानेन अवश्यं पठनीयाः।*

खण्डः 'क'

अपठितावबोधनम् (10 अङ्काः)

1. अधोलिखितं गद्यांशं पठित्वा प्रदत्तप्रश्नानाम् उत्तराणि संस्कृतेन लिखत— **[10]**

'शरीरम् आद्यं खलु धर्मसाधनम्' अर्थात् अस्माकं शरीरम् एव अस्माकं सर्वेषां कर्तव्यानां प्रमुखं साधनम् अस्ति। अतः वयं सर्वदा शरीरेण स्वस्थाः भवेम यतः स्वस्थशरीरे एव स्वस्थ-मस्तिष्कस्य निवासः भवति। स्वास्थ्य-रक्षणाय योगः अति लाभकरः इति सर्वे जानन्ति एव। योगसनैः शरीरस्य सम्यग् व्यायामो जायते। योगासनेन सह प्राणायामस्य अपि सम्बन्धो वर्तते। सम्यग् व्यायामेन रुधिरस्य सम्यक् सञ्चारो जायते तेन च सर्वाणि इन्द्रियाणि स्वस्थाने तिष्ठन्ति। एतेन एव कार्येषु अपि कुशलता जायते। योगेन बुद्धिः तीव्रा भवति शारीरिकस्थूलता चापि न्यूना भवति। शरीरं दृढं पुष्टं च भवति। वस्तुतः 'योगः कर्मसु कौशलम्' इति श्रीमद्भगवद्गीतायाः उक्तिः एतदेव सङ्केतयति।

(अ) एकपदेन उत्तरत—(केवलं प्रश्नद्वयम्) **[2 × 1 = 2]**

(i) अस्माकं सर्वेषां कर्तव्यानां प्रमुखं साधनं किम् अस्ति?

(ii) स्वास्थ्य-रक्षणाय किम् अति लाभकरः?

(iii) योगासनेन सह कस्य अपि सम्बन्धो वर्तते?

(आ) पूर्णवाक्येन लिखत—(केवलं प्रश्नद्वयम्) **[2 × 2 = 4]**

(i) सर्वे किं जानन्ति?

(ii) वयं किमर्थं सर्वदा शरीरेण स्वस्थाः भवेम?

(iii) सम्यग् व्यायामेन कस्य सम्यक् सञ्चारो जायते कानि च स्वस्थाने तिष्ठन्ति?

(इ) अस्य अनुच्छेदस्य कृते उपयुक्तं शीर्षकं संस्कृतेन लिखत। **[1]**

(ई) यथानिर्देशम् उत्तरत— **[3 × 1 = 3]**

(i) 'भवेम' इति क्रियापदस्य कर्तृपदं किं भवेत्?

(क) आसनानाम् **(ख)** योगः **(ग)** व्यायामः **(घ)** वयम्

(ii) 'सर्वाणि' इति विशेषणपदस्य विशेष्यपदं किम्?

(क) इन्द्रियाणि (ख) आसनानि (ग) चक्षुः (घ) योगः

(iii) 'योगासनेन सह प्राणायामस्य अपि सम्बन्धो वर्तते' अत्र किं क्रियापदम्?

(क) सह (ख) वर्तते (ग) अपि (घ) योगः

खण्ड : 'ख'

रचनात्मकं कार्यम् (15 अङ्काः)

2. (अ) नन्दिनी मोदीनगरे वसति। तस्याः भगिनी अनन्या मुंबईनगरे निवसति। नन्दिन्याः विद्यालये पर्यावरण-विषये एका गोष्ठी जाता। गोष्ठीं वर्णयन्ती सा अनन्यायै एकं पत्रम् लिखति। मञ्जूषातः समुचितपदानि चित्वा पत्रं पुनः लिखन्तु। [10 × ½ = 5]

मञ्जूषा

विद्यालये, प्रणामाः, नगरेषु, नदीजलस्य, नन्दिनी, न्यूनतमः, अवकरः, वृक्षाः, रक्षणाय, प्रिये।

अथवा

(आ) भवान् सर्वेशः उदयपुरे वसति। भवान् उदयपुरस्य सौन्दर्यं द्रष्टुं स्वमित्रं चन्द्रेशम् असमन्त्रयति। अत्र मञ्जूषापदानां सहायतया इदं पत्रं सम्पूर्य। पुनः लिखतु—

मञ्जूषा

दर्शनार्थम्, देवालयः, तीर्थम्, हलदीघाटी, सरोवराः, स्वर्गम्, सौन्दर्य, स्थापितम, चन्द्रेश, ग्रीष्मस्य।

3. (अ) प्रदत्तं चित्रं दृष्ट्वा मञ्जूषायां प्रदत्तशब्दानां सहायतया पञ्च वाक्यानि संस्कृतेन लिखत। [5 ×1 = 5]

मञ्जूषा

वातावरणम्, आश्रमस्य, मुनिः, पशवः, वृक्षस्य, शोभनम्, लिखति, सूर्योदयः, आकाशे, नदी, मृगः, दृश्यते, नीचैः, कुटीरः, हरीतिमा।

अथवा

(आ) मञ्जूषाप्रदत्तशब्दानां साहाय्येन निम्नलिखितं विषयम् अधिकृत्य न्यूनातिन्यूनं पञ्चभिः संस्कृतवाक्यैः एकम् अनुच्छेदं लिखत—

'प्रातः भ्रमणम्'

मञ्जूषा

उपवनम्, वृक्षाः जनाः, पवनः, प्रतिदिनम्, शीतलः, स्वास्थ्याय, आवश्यकम्, सूर्योदयः, आनन्दम्, ऊर्जा, अनुभवन्ति, स्फूर्तिः।

4. अधोलिखितानि वाक्यानि संस्कृतभाषया अनूद्य लिखत— [5 × 1 = 5]

(i) मैंने एक कथा पढ़ी।
I read a story.

(ii) बन्दर इधर-उधर भाग रहे हैं।
The monkeys are running here and there.

(iii) आपका कार्य उत्तम है।
Your work is the best.

(iv) हे मित्र ! सदा सत्य बोलो।
Friend ! Always speak the truth.

(v) तुम्हें नियमों का पालन करना चाहिए।
You should follow the rules.

खण्ड : 'ग'

अनुप्रयुक्त व्याकरणम् (25 अङ्काः)

5. (अ) **अधोलिखितवाक्येषु रेखाङ्कितपदेषु सन्धिं सन्धिच्छेदं वा कुरुत—** [4 × 1 = 4]

(i) आचारः **प्रथमः + धर्मः** इत्येतद् विदुषां वचः।

(ii) **कश्चन** चौरः गृहाभ्यान्तरं प्रविष्टः।

(iii) कः इदं दुष्करं **कुर्यात् + इदानीं** शिविना विना ?

(iv) **पावकः** सर्वं दहति।

अथवा

(आ) **अधोलिखितवाक्युषे रेखाङ्कितपदेषु सन्धिं सन्धिच्छेदं वा कुरुत—**

(i) जगत्पतेः **सृष्टिरेषा** रमणीया।

(ii) यदि न **स्यान्नरपतिः।**

(iii) **कृत + उपकारः**

(iv) **शिरश्छेदः** न करणीय

6. **अधोलिखितवाक्येषु रेखाङ्कितपदानां समासं विग्रहं वा प्रदत्तविकल्पेभयः चित्वा लिखत—** [4 × 1 = 4]

(i) व्याघ्रमारी इयम् इति मत्वा व्याघ्रो **भयाकुलचित्तः** नष्टः।

(क) भयात् आकुलः चित्ताः **(ख)** भयात् आकुलं चित्तम् **(ग)** भयेन आकुलः चित्तः **(घ)** भयेन आकुलं चित्तं यस्य सः

(ii) किं द्वयोरप्येकमेव **प्रतिवचनम्।**

(क) वचनं वचने प्रति **(ख)** वचनं वचनम् इति **(ग)** वचने वचनं इति **(घ)** वचनेन वचनेन इति

(iii) ततः प्रविशतः विदूषकेनोपदिश्यमानमार्गौ तापसौ **कुशलवौ।**

(क) कुशः च लवः च **(ख)** लवः च कुशः च **(ग)** लवयोः च कुशयोः च **(घ)** कुशस्य च लवस्य च

(iv) **पुत्रस्य दैन्यं** दृष्ट्वा अहं रोदिमि

(क) पुत्रदैन्यम् **(ख)** पुत्रदैन्यः **(ग)** दीनपुत्रः **(घ)** पुत्रदीनताम्

7. **अधोलिखितवाक्येषु रेखाङ्क्तिपदानां प्रकृति-प्रत्ययौ संयोज्य विभज्य वा उचितम् उत्तरं विकल्पेभ्यः चित्वा लिखत—** [4 × 1 = 4]

(i) हरितंतरुणां ललितलतानां माला **रमणीया।**

(क) रमणीय + आ **(ख)** रमणीया + आ **(ग)** रमणीय + टाप् **(घ)** रमणी + इन्

(ii) सितम्बरमासे मम अर्ध-**वर्ष + ठक्** परीक्षा भविष्यति।

(क) वार्षिकः **(ख)** वार्षिकी **(ग)** वार्षिक्यः **(घ)** वार्षिकम्

(iii) हिमकरस्य **शीतल + त्व** लोके प्रसिद्धम् अस्ति।

(क) शीतलत्व **(ख)** शीतलत्वम् **(ग)** शीतलता **(घ)** शीतलत्वाम्

(iv) सा **तपस्विनी** मत्कृतेनापराधेन स्वापत्यम् एवं निर्भर्त्सयति।

(क) तपस्विन् + ङीप् **(ख)** तपस्विनी + इन **(ग)** तपस्वी + णिनि **(घ)** तपस्विन् + ठक्

8. वाच्यानुसारम् उचितपदैः रिक्तस्थानानि पूरयित्वा अधोलिखितं संवादं पुनः लिखत— [3 × 1 = 3]

(i) ऋद्धिः .... खादति।

(क) आम्रफलम् (ख) आम्रफलस्य (ग) आम्रफलेन (घ) आम्रफलेषु

(ii) .... पत्रं न लिख्यते।

(क) ते (ख) तया (ग) तम् (घ) तस्यै

(iii) तस्याः माता ओदनं ....।

(क) पचति (ख) पच्यन्ते (ग) पच्यते (घ) पचन्ति

9. कालबोधकशब्दैः अधोलिखित-दिनचर्यां पूरयत— [4 × 1 = 4]

(i) संस्कृतदिवसे प्रातः .... 9:00 वादने सरस्वती-वन्दना अभवत्।

(ii) तदा .... 9:15 वादने एका छात्रा भाषायाः महत्त्वम् अवदत्।

(iii) तदन्तरम् .... 9:30 वादने एका समूहनृत्यप्रस्तुतिः अभवत्।

(iv) .... 9:45 वादने मम कक्षायाः छात्राः एकां नाटिकां प्रस्तुतवन्तः/प्रस्तुतवत्यः।

10. मञ्जूषायां प्रदत्तैः उचितैः अव्ययपदैः अधोलिखितवाक्येषु रिक्तस्थानानि पूरयत— [3 × 1 = 3]

(i) विद्यालये .... अवकाशः भविष्यति।

(ii) .... रविवासरः अस्ति।

(iii) यदि मेघः गर्जति .... मयूराः नृत्यन्ति।

मञ्जूषा

तर्हि, श्वः, अद्य

11. अशुद्धि संशोधनम् [3 × 1 = 3]

(i) छात्राः पाठं **पठति।**

(क) पठथ (ख) पठसि (ग) पठन्ति (घ) पठथः

(ii) करण्डके अनेकानि **आम्रम्** सन्ति।

(क) आम्रे (ख) आम्राणि (ग) आम्रस्य (घ) आम्रेषु

(iii) सा तत्र **सखी** प्रति गच्छति।

(क) सखीम् (ख) सखिषु (ग) सखीनाम् (घ) सख्याम्

खण्ड : 'घ'

पठितावबोधनम् (30 अङ्काः)

12. अधोलिखितं गद्यांशं पठित्वा प्रदत्तप्रश्नानाम् उत्तराणि संस्कृतेन लिखत— [5]

अग्रिमे दिने स आरक्षी चौर्याभियोगे तं न्यायालयं नीतवान्। न्यायाधीशों बंकिमचन्द्रः उभाभ्यां पृथक्-पृथक् विवरणं श्रुतवान्। सर्वं वृत्तमवगत्य सः तं निर्दोषम् अमन्यत आरक्षिणं च दोषभाजनम्। किन्तु प्रमाणाभावात् स निर्णेतुं नाशक्नोत्। ततोऽसौ तौ अग्रिमे दिने उपस्थातुम् आदिष्टवान्। अन्येद्युः तौ न्यायालये स्व-स्व-पक्षं पुनः स्थापितवन्तौ। तदैव कश्चिद् तत्रत्यः कर्मचारी समागत्य न्यवेदयत् यत् इतः क्रोशद्वयान्तराले कश्चिज्जनः केनापि हतः। तस्य मृतशरीरं राजमार्गम् निकषा वर्तते। आदिश्यतां किं करणीयमिति। न्यायाधीशः आरक्षिणम् अभियुक्तं च तं शवं न्यायालये आनेतुमादिष्टवान्।

(i) **एकपदेन उत्तरत—(केवलं प्रश्नद्वयम्)** [2 × ½ = 1]

(क) न्यायाधीशस्य नाम किम्?

(ख) न्यायाधीशः तं कीदृशम् अमन्यत?

(ग) तौ कुत्र स्व-स्व-पक्षं स्थापितवन्तौ?

(ii) **पूर्णवाक्येन उत्तरत—(केवलं प्रश्नद्वयम्)** [2 × 1 = 2]

(क) न्यायाधीशः किम् आदिष्टवान्?

(ख) कर्मचारी किं न्यवेदयत्?

(ग) न्यायाधीशः किमर्थं निर्णेतुं नाशक्नोत्?

(iii) निर्देशानुसारम् उत्तरत— [2 × 1 = 2]

(अ) (क) 'न्यवेदयत्' इति क्रियापदस्य किं कर्तृपदम् अत्र प्रयुक्तम्?

(ख) 'अग्रिमे' इति विशेषणपदस्य विशेष्यपदं किम्?

अथवा

(आ) (क) 'रात्रौ' इति पदस्य किं विलोमपदं गद्यांशे प्रयुक्तम्?

(ख) 'समीपम्' इत्यस्य कि पर्यायपदं प्रयुक्तम्?

13. अधोलिखित पद्यांश पठित्वा प्रदत्तप्रश्नानाम् उत्तराणि संस्कृतेन लिखत— [5]

गुणी गुणं वेत्ति न वेत्ति निर्गुणो,

बली बलं वेत्ति न वेत्ति निर्बलः।

पिको वसन्तस्य गुणं न वायसः,

करी च सिंहस्य बलं न मूषकः।।

(i) एकपदेन उत्तरत—(केवलं प्रश्नद्वयम्) [2 × ½ = 1]

(क) कीदृशः जनः गुणं जानाति?

(ख) कीदृशः जनः गुणं न जानाति?

(ग) सिंहस्य बलं को जानाति?

(ii) पूर्णवाक्येन उत्तरत—(केवलं प्रश्नद्वयम्) [2 × 1 = 2]

(क) पिकः किं जानाति वायसः च किं न जानाति?

(ख) करी कस्य बलं जानाति?

(ग) कः बलस्य गुणं जानाति कः च न जानाति?

(iii) भाषिककार्यम्— [2 × 1 = 2]

(अ) (क) श्लोके 'जानाति' इति पदस्य पर्यायपदं किम् प्रयुक्तम्?

(ख) 'गुणी गुणं वेत्ति' अत्र कर्तृपदं किम्?

अथवा

(आ) (क) 'निर्बलः' इति पदस्य विपर्ययपदं किम् अत्र प्रयुक्तम्?

(ख) 'बली बलं वेत्ति' अत्र कर्तृपदं किम् अस्ति?

14. अधोलिखितं नाट्यांशं पठित्वा प्रदत्तप्रश्नानाम् उत्तराणि संस्कृतेन लिखत— [5]

रामः — (स्वगतम्) धिङ् मामेवंभूतम्। सा तपस्विनी मत्कृतेनापराधेन स्वापत्यमेवं मन्युगर्भैरक्षरैर्निर्भर्त्सयति।

(सवाष्पमवलोकयति)

रामः — अतिदीर्घः प्रवासोऽयं दारुणश्च। (विदूषकमवलोक्य जनान्तिकम्) कुतूहलेनाविष्टो मातरमनयोर्नामतो वेदितुमिच्छामि। न युक्तं च स्त्रीगतमनुयोक्तुम्, विशेषतस्तपोवने। तत् कोऽत्राभ्युपायः?

विदूषकः — (जनान्तिकम्) अहं पुनः पृच्छामि। (प्रकाशम्) किं नामधेया युवयोर्जननी?

लवः — तस्याः द्वे नामनी।

विदूषकः — कथमिव?

लवः — तपोवनवासिनो देवीति नाम्नाह्वयन्ति, भगवान् वाल्मीकिर्वधूरिति।

रामः — अपि च इतस्तावद् वयस्य! मुहूर्त्तमात्रम्।

विदूषकः — (उपसृत्य) आज्ञापयतु भवान्।

रामः — अपि कुमारयोरनयोरस्माकं च सर्वथा समरूपः कुटुम्बवृत्तान्तः?

(नेपथ्ये)

इयती वेला सञ्जाता रामायणगानस्य नियोगः किमर्थं न विधीयते?

उभौ — राजन्! उपाध्यायदूतोऽस्मान् त्वरयति।

रामः — मयापि सम्माननीय एव मुनिनियोगः।

(i) एकपदेन उत्तरत—(केवलं प्रश्नद्वयम्) [2 × ½ = 1]

(क) अतिदीर्घः कः आसीत्?

(ख) कुशलवयोः मातरं के 'देवी' इति नाम्ना आह्वयन्ति?

(ग) भगवान् वाल्मीकिः सीतां किमुक्त्वा आह्वयति?

(ii) पूर्णवाक्येन उत्तरत—(केवलं प्रश्नद्वयम्) [2 × 1 = 2]

(क) उभौ किं वदतः?

(ख) श्रीरामस्य कुमारयोः च कः सर्वथा समरूपः आसीत्?

(ग) कः तयोः जनन्याः नाम पृच्छति?

(iii) भाषिककार्यम्— [2 × 1 = 2]

(अ) (क) 'माता' इत्यर्थे किं पदम् अत्र प्रयुक्तम्?

(ख) 'भवान्' इति कर्तृपदस्य किं क्रियापदम् अत्र प्रयुक्तम्?

अथवा

(आ) (क) 'इयती वेला' अनयोः पदयोः विशेषणपदं किम्?

(ख) 'मन्युगर्भैः अक्षरैः' अनयोः पदयो विशेषणपदं किम्?

15. अधोलिखित-रेखाङ्क्तिपदानि आधृत्य प्रश्ननिर्माणं कुरुत— [4 × 1 = 4]

(i) <u>पतङ्गा</u> अम्बरपथम् आपेदिरे।

(ii) <u>धेनूनां</u> माता सुरभिः आसीत्।

(iii) त्वं <u>मानुषात्</u> विभेषि।

(iv) प्रस्तरतले <u>लतातरुगुल्माः</u> पिष्टाः न भवन्तु।

16. (अ) मञ्जूषातः समुचितपदानि चित्वा अधोलिखित-श्लोकस्य अन्वयं पूरयित्वा पुनः लिखत— [4 × 1 = 4]

दुष्कराण्यपि कर्माणि मतिवैभवशालिनः।

नीतिं युक्तिं समालम्ब्य लीलयैव प्रकुर्वते।।

अन्वयः— मतिवैभवशालिनः (जनाः) **(i)** .... युक्तिं (च) **(ii)** .... दुष्कराणि **(iii)** .... कर्माणि **(iv)** .... एवं प्रकुर्वते।

मञ्जूषा

लीलया, नीतिम्, अपि, समालम्ब्य।

अथवा

(आ) अधोलिखितश्लोकस्य भावार्थं मञ्जूषातः उचितपदानि चित्वा पूरयत—

काकः कृष्णः पिकः कृष्णः को भेदः पिककाकयोः।

वसन्तसमये प्राप्ते काकः काकः पिकः पिकः।।

भावार्थः— अस्य भावोऽस्ति यत् **(i)** .... वर्णः कृष्णः वर्तते पिकस्य अपि वर्णः **(ii)** .... एव अस्ति। अतः तयोः पिके काके च कः भेदः अस्ति? अर्थात् वर्णदृष्ट्या तयोः कश्चिद् भेदो न दृश्यते। परन्तु यदा **(iii)** .... समयः आगच्छति तदा तयोः स्वरैः ज्ञायते यत् कः **(iv)** .... अस्ति कश्च पिको वर्तते।

मञ्जूषा

वसन्तस्य, काकस्य, काकः, कृष्णः

17. अधोलिखितानि वाक्यानि घटनाक्रमानुसारं संयोज्य पुनः लिखत— [8 × ½ = 4]

(i) एकः कृषकः आसीत्।

(ii) कृषकः तं दुर्बलं वृषभं तोदनेन अवर्तत।

(iii) तस्य समीपे द्वौ बलीवर्दौ आस्ताम्।

(iv) कृषीवलः क्रुद्धः अभवत्।

(v) सः जवेन गन्तुम् अशक्तः च आसीत्।

(vi) तमुत्थापयितुम् बहुवारं यत्नमकरोत् तथापि सः नोत्थितः।

(vii) सः ऋषभः हलमूढ्वा गन्तुम् अशक्तः क्षेत्रे पपात।

(viii) तयोः बलीवर्दयोः एकः शरीरेण दुर्बलः आसीत्।

18. अधोलिखितवाक्येषु रेखाङ्कितपदानां प्रसङ्गानुकूलम् उचितार्थं चित्वा लिखत— [3 × 1 = 3]

(i) कथा चेयं **श्लाघ्या** सरसिरुहनाभस्य नियतम्।

(क) मुखे **(ख)** अलौकिकी **(ग)** प्रशंसनीया **(घ)** निन्दनीया

(ii) अहं शीतले जले अविचलः **स्थितप्रज्ञः** इव तिष्ठामि।

(क) प्रज्ञा **(ख)** योगी **(ग)** भोगी **(घ)** रोगी

(iii) अन्येषां **वदने** ये तु ते चक्षुनामनी मते।

(क) मस्तके **(ख)** दशने **(ग)** हृदये **(घ)** मुखे

■■

उत्तरमाला

प्रतिदर्श प्रश्न पत्र-1

खण्डः 'क'

अपठितावबोधनम् (10 अङ्काः)

1. (अ) **एकपदेन उत्तरत—**
   (i) भोजराजः
   (ii) मीरा
   (iii) कूडकी-ग्रामे

(आ) **पूर्णवाक्येन उत्तरत—**
   (i) विक्रमः मीरां हन्तुं पुष्पहारेण सह सर्प प्रेषितवान्। अन्येद्युः तस्याः जीवनलीलां समापयितुं विषपूरितं चषकं प्रेषयत्।
   (ii) वैधव्यकाले मीरायाः समयः विशेषतः कथाकीर्तनयोः पूजापाठयोः हरिचर्यायां च व्यतीतो भवति स्म।
   (iii) मीरायाः देवरः मीरां हन्तुं सर्प विषमिश्रितं चषकं च प्रेषितवान् परं न तु सर्पः ताम् अदशत् अपि च विषमपि तस्याः कृते अमृतमिव जातं। तस्मात् मीरायाः विश्वासः कृष्णभक्तौ दृढात्दृढतरोऽभवत्।

(इ) **समुचितं शीर्षकं**
कृष्णभक्तमीरा, कवयित्री मीरा

(ई) **यथानिर्देशम् उत्तरत्—**
   (i) (ख) विक्रमाय
   (ii) (घ) रोचते स्म
   (iii) (ग) नानाविधैः

खण्ड : 'ख'

रचनात्मकं कार्यम् (15 अङ्काः)

2. (अ) डी 401, जनकपुरी

नवदिल्लीतः

दिनाङ्कः 28.02.20xx

प्रिय प्रज्ज्वले!

सस्नेहं नमस्ते।

अत्र कुशलं तत्रास्तु। आशासे त्वम् अपि कुशलिनि स्यात्। भवत्याः पत्रं प्राप्तम्। भवती संस्कृतभाषां पठितुम् इच्छित इति पठित्वा मम प्रसन्नतायाः सीमा नास्ति। एषा भाषा सर्वाधिका वैज्ञानिकी अस्ति। संस्कृतम् अस्माकं देशस्य प्रतिष्ठा वर्तते। वेदाः, उपनिषदः, रामायणं, महाभारतं, पुराणानि, महाकाव्यानि, कथासाहित्यम् इत्यादिकं सर्वं वाङ्मयम् अत्यन्तं मार्गदशकं, ज्ञानवर्धकं प्रेरणाप्रदं च अस्ति। यथा पुष्पेभ्यः सुगन्धः पृथक् कर्तुं न शक्यते तथैव भारतीयसंस्कृतेः संस्कृतभाषां पृथक् कर्तुं न शक्यते। संस्कृतेन सम्भाषणम् अस्माकं हृदयेषु गौरवं वर्धयति, हीनभावनां च नाशयति। अतः त्वम अवश्यं संस्कृतं पठ, पठित्वा च अस्याः भाषायाः प्रचारं कुरु। एवं वयं भारतमातुः सेवां कृत्वा धन्याः भवामः। सर्वेभ्यः अग्रजेभ्यः मम प्रणामाः अनुजेभ्यः च आशीर्वादाः।

भवत्याः सखी,

शर्वाणी

(आ) मथुरातः

दिनाङ्कः 28.02.20xx

सेवायाम्

प्रकाशन-प्रबन्धक-महोदयाः!

रा.शै.अनु.प्र.परिषद्, नई दिल्ली

विषयः- पुस्तकक्रयणस्य सन्दर्भे।

मान्यवर!

सविनय निदेवदम् अस्ति यत् मम संस्कृत-संस्कृति-आधरितानां पुस्तकानां पठने अधिका रुचिः वर्तते। मम समीपे भवतां प्रकाशितानां केचन सञ्चाः सन्ति। भवद्भिः संस्कृत-परीक्षा दृष्ट्या कानिचन व्याकरण-पुस्तकानि, बालमनोविनोदनाय कथा पुस्तकानि च प्रकाशितानि सन्ति। तेषु पुस्तकेषु अहं कानिचन पुस्तकानि वाञ्छामि। तेषां सूची अधः संलग्ना अस्ति।

कृपया पुस्तकानि पत्रालयमाध्यमेन सम्प्रेष माम् अनुगृह्णन्तु भवन्तः। पुस्तकसूची-अभ्यासवान् भव, व्याकरणवीथीं, बालकथावलीं, व्याकरणसौरभम्।

विनीतः

अक्षतः

3. (i) अस्मिन् चित्रे शाक्-आपणस्य दुश्यम अस्ति।
   (ii) चित्रे एका महिला आलुकं क्रीणति।
   (iii) अस्मिन् चित्रे आपणिकः मापनम् करोति।
   (iv) चित्रे जनाः सन्ति।
   (v) चित्रे विविधाः फलानि शाकानि च सन्ति।

अथवा

"मर्यादापुरुषोत्तमः श्रीरामः"

(i) श्रीरामः अयोध्यायां निवसति स्म।

(ii) पितुः वचनं पालयितुं मर्यादा पुरुषोतम् श्रीरामः वनम अगच्छत।

(iii) श्रीरामः त्रेतायुगे श्रीरामरूपेण अवतारं गृहीतवान्।

(iv) श्रीरामः भगवान विष्णोः सप्तम् अवतराम् अस्ति।

(v) श्रीरामः अयोध्यायाः राजा अभवत्।

4. (i) मातापितरौ देवतातुल्यौ भवतः।

(ii) आत्मसम्माननम् एव बृहत्तमा सम्पत्तिः अस्ति।

(iii) मम पिता प्रातःकाले कार्यालयं गच्छति।

(iv) ह्यः मम सर्वाणि मित्राणि मम गृहम् आगच्छन्।

(v) श्वः वयं सर्वे खेलनाय/क्रीडनाय/खेलितुं/क्रीडितुं गमिष्यामः।

खण्ड : 'ग'

अनुप्रयुक्त व्याकरणम् (25 अङ्काः)

5. सन्धि

(अ) (i) योजकस्तत्र

(ii) तवोत्तमा

(iii) सम्यगुक्तम्

(iv) एतयोः + जननी

अथवा

(आ) (i) यत् + मानुषात्

(ii) देउलाख्यो ग्रामः

(iii) मूर्खाः + च

(iv) एकैक

6. समास

(i) (घ) अर्थस्य अभावः

(ii) (घ) हरिताः च ये तरवः (तेषां)

(iii) (क) तुल्यं वत्सल्यं यस्याः सा

(iv) (ख) सूर्यचन्द्रयोः

7. प्रत्यय

(i) (क) मासिकम्

(ii) (क) लघुत्वम्

(iii) (ख) शुद्ध + तल्

(iv) (क) गुण + मतुप्

8. वाच्य

(i) (घ) अहम्

(ii) (ख) पूजा

(iii) (घ) गम्यते

9. घटिका

(i) पादोन सप्तवादने

(ii) अष्टवादने

(iii) सार्ध एकवादने

(iv) सपाद चतुर्वादने

10. अव्यय

(i) कदा

(ii) ह्यः

(iii) शनैः

11. अशुद्धि संशोधन

(i) (घ) अस्ति

(ii) (ख) नीलम्

(iii) (क) शाखायाम्

खण्ड : 'घ'

पठितावबोधनम् (30 अङ्काः)

12. (i) **एकपदेन उत्तरत**

(क) देउलाख्यो ग्रामः

(ख) पितुर्गृहं

(ग) गहनकानने

(ii) **पूर्णवाक्येन उत्तरत**

(क) सा पुत्रौ चपेटया प्रहत्य जगाद–कथमेकैकशो व्याघ्र-भक्षणाय कलहं कुरुथः? अयमेकस्तावद्विभज्य भुज्यताम्।

(ख) एकदा बुद्धिमती/ बुद्धिमती पुत्र-द्वयोपेता पितुः गृहं प्रति चलिता।

(ग) बुद्धीमती कनापि आवश्यक कार्येण पितुर्गृहं प्रति चलिता।

(iii) **भाषिकार्यम्**

(अ) (क) सा

(ख) एकम्

अथवा

(आ) (क) ददर्श

(ख) बुद्धिमती

13. (i) **एकपदेन**

(क) चातकम्

(ख) दीनम्

(ग) गगने

(ii) **पूर्णवाक्येन**

(क) बहवः अम्भोदाः सन्ति।

(ख) सर्वस्य पुरतः दीनं वचः न वक्तव्यम्।

(ग) अम्भोदाः वृष्टिभिः वसुधां आर्द्रयन्ति।

(iii) **भाषिक कार्यं**

(अ) (क) अम्भोदेभ्यः/ मेघेभ्यः

(ख) बहवः

अथवा

(आ) (क) पुरतः

(ख) कर्तृपदं–त्वम्

क्रियापदं–ब्रूहि

14. (i) **एकपदेन**

(क) पुत्रस्य

(ख) जननी

(ग) कृच्छ्रेण

(ii) **पूर्णवाक्येन**

(क) दुर्बले सुते मातुः अत्यधिक कृपा सहजैव।

(ख) सुरभिवचनं श्रुत्वा भृशं विस्मितस्याखण्डलस्यापि हृदयमद्रवत।

(ग) आखण्डलः "गच्छ वत्से सर्वं भद्रं जायते" इति कथयित्वा सुरभिम् असान्त्वयत्।

(iii) **भाषिक कार्यं**

(अ) (क) दुर्बले

(ख) कृषकः

अथवा

(आ) (क) श्रुत्वा

(ख) कृषकः

15. (i) जनकेन शैशवे **कस्मै** विद्याधनं दीयते।

(ii) **कस्याः** सन्निधौ वास्तविकं सुखं विद्यते।

(iii) **कौ** आवाम् सोदर्यौ स्वः।

(iv) सिंहः **काभ्यां** स्वरक्षायाम् असमर्थः एवासीत्।

16. (अ) **अन्वय**

(i) नीतिम्

(ii) समालम्ब्य

(iii) अपि

(iv) लीलया

अथवा

(आ) भवार्थ

(i) कृष्णः

(ii) पिकस्य

(iii) पिककाकयोः

(iv) वसन्तस्य

17. (i) एकः सिंहः विश्राम्यते स्म।

(ii) सर्वेषां प्राणिनामेव यथासमयं महत्त्वं विद्यते।

(iii) ततः प्रकृतिमाता प्रविशति।

(iv) सर्वे प्राणिनः सिंहस्य दशां दृष्ट्वा हसन्ति।

(v) वानराः तं तुदन्ति स्म।

(vi) सर्वे प्राणिनः परस्परं विवादं कुर्वन्ति आत्मानं योग्यं च कथयन्ति। अन्ते निर्णयं कुर्वन्ति यत्—

(vii) अधुना पशुः राजा न भवेत् अपितु कोऽपि पक्षी एव राजेति निश्चेतव्यम्।

(viii) मिलित्वा एव मोदध्वं जीवनं च रसमयं कुरुध्वम्।

18. (i) **(क)** सन्ततिषु

(ii) **(ख)** काकः

(iii) **(घ)** असत्यम्

उत्तरमाला

प्रतिदर्श प्रश्न पत्र-2

खण्डः 'क'

अपठितावबोधनम् (10 अङ्काः)

1. (अ) एकपदेन उत्तरत्—

(i) योगदर्शनस्य

(ii) महर्षिः पतञ्जलिः

(iii) अष्ट

(आ) पूर्णवाक्येन उत्तरत—

(i) योगस्य परिभाषा अस्ति "योगः चित्तवृत्तिनिरोधः"।

(ii) अस्माभिः जीवने सदा योगः सेवनीयः यतः योगेन जीवने नीरोगता आयाति।

(iii) योगस्य अष्ट अङ्गानि भवन्ति-यम-नियम-आसन-प्राणायाम-प्रत्याहार-धारणा-ध्यान-समाधयः चेति।

(इ) समुचितं शीर्षकं

योगदर्शनम्, योगदर्शनस्य महत्त्वम्, योगः चित्तवृत्तिनिरोधः।

(ई) यथानिर्देशम् उत्तरत—

(i) **(क)** आविर्भावः

(ii) **(घ)** अतिप्राचीनम्

(iii) **(ख)** भवति

खण्ड : 'ख'

रचनात्मकं कार्यम् (15 अङ्काः)

2. (अ) सेवायाम्

प्रधानाचार्याः

राजकीय सर्वोदय सहशिक्षाविद्यालयः, दक्षिणदिल्ली

विषयः शैक्षिकभ्रमणदले समावेशाय निवेदनम्।

मान्याः!

सादरं निवेदनीयम् अस्ति यद् अहम् एतस्मिन्, विद्यालये दशमकक्षायम् 'अ' वर्गे पठामि। एवं मया श्रूयते यद् आगामिनि शीतकाले अस्माकं विद्यालयात् किमपि, शैक्षिभ्रमणदलम् नैनीतालं गमिष्यति। नूतन-स्थलानां दर्शने, नूतन-तथ्यानां ज्ञानार्जने च मम महती अभिरुचिः। अतः अहम् अपि, अनेन दलेन सह गन्तुम् इच्छामि। एतदर्थं मया माता-पितृभ्याम् अनुमतिः अपि प्राप्ता। साग्रहं प्रार्थयामि यद् एतदर्थम् अनुमतिं प्रदाय कृतार्थीकरणीयः अयं जनः।

सधन्यवादम्,

भवतां शिष्यः/ शिष्या,

राघवः/ शान्ता

अथवा

(आ) परीक्षाभवनतः

दिनाङ्कः 28/02/20xx

पूज्यमातृचरणाः,

प्रणतीनां शतम्।

अत्र अहं कुशलिनी। अशासे भवती पितृमहोदयः च कुशलम् स्तः। मातः! अहं जानामि यद् भवती मम अर्धवार्षिक-परीक्षा-परिणामकारणात् चिन्तिता अस्ति।

अत्र चिन्ता न करणीया प्रथमसत्रे तु अहं खेलप्रतियोगितासुरता आसम्। पठनाय तु मतिम् एव न आसीत् परम् अधुना तु सर्वाः प्रतियोगिताः समाप्ताः। अद्यारभ्य अहं केवलं पठने एव कालः विधास्यामि। आशासे वार्षिकपरीक्षायां मम परिणामः भवताम् आशानुकूलः भविष्यति। शेषं सर्वं आनन्देन भवत्याः चरणयोः प्रणामाः।

भवत्याः पुत्रीः

सुकन्या

3. (अ) (i) अस्मिन् चित्रे उद्यानस्य दृश्यम् अस्ति।

(ii) चित्रे द्वौ बालकौ पादकन्दुकेन क्रीडतः।

(iii) इदम् चित्रे एका बालिका चित्रम् रचयति।

(iv) चित्रे वृक्षाः सन्ति।

(v) अस्मिन् चित्रे एकः बालकः पुस्तकम् पठति।

अथवा

(अ) 'अनुशासनस्य महत्त्वम्'

(i) अनुशासनम् अस्माकं जीवनस्य अभिन्नः भागः अस्ति।

(ii) अनुशासनम् अस्माकं जीवने मार्गदर्शनं करोति।

(iii) अनुशासनेन विना अध्ययनं सफलं भवितुं न शक्नोति।

(iv) छात्रेभ्यः अनुशासनेन अतिआवश्यकम् अस्ति।

(v) अनुशासनरहितं जीवनं पशुवत् समानः भवति।

4. (i) नद्यः वहन्ति।

(ii) त्वम् कुत्र गच्छसि?

(iii) युवां किं खादथः?

(iv) यूयं किं कुरुथ?

(v) वयं भोजनं कुर्मः।

खण्ड : 'ग'

अनुप्रयुक्त व्याकरणम् (25 अङ्काः)

5. (अ) (i) इतः + ततः

(ii) प्रकृतिरेव

(iii) लोकेऽस्मिन्

(iv) अचिरात् + एव

अथवा

(आ) (i) उदीरितः + अर्थः

(ii) अस्मान्नगरात्

(iii) गावश्च

(iv) स्वागतम्

6. (i) (घ) वनराजस्य पदाय

(ii) (क) कृपार्द्रहृदया

(iii) (ग) कुशः च लवः च

(iv) (ख) प्रजानां सुखे

7. (i) (ख) कुपित + टाप्

(ii) (घ) बुद्धिमती

(iii) (क) गतवान्

(iv) (ख) एकरूप + तल्

8. (i) (ख) रुद्यते?

(ii) (क) तम्

(iii) (घ) पश्यति?

9. (i) सपाद चतुर्वादने

(ii) पञ्चवादने

(iii) पादोन सप्तवादने

(iv) सार्ध सप्तवादने

10. (i) वृथा

(ii) तर्हि

(iii) च

11. (i) (ख) गमिष्यन्ति

(ii) (ग) द्रक्ष्यसि

(iii) (क) पाठाः

खण्ड : 'घ'

पठितावबोधनम् (30 अङ्काः)

12. (i) **एकपदेन उत्तरत—**

(क) निर्धनः

(ख) छात्रावासे

(ग) निर्धन-जनाय

(ii) **पूर्णवाक्येन उत्तरत—**

(क) स पिता तनूजस्य रुग्णतामाकर्ण्य व्याकुलो जातः।

(ख) 'निशान्धकारे प्रसृते विजने प्रदेशे पदयात्रा न शुभावहा' इति विचार्य स पार्श्वस्थिते ग्रामे रात्रिनिवासं कर्तुं कञ्चिद् गृहस्थमुपागतः।'

(ग) अर्जितेन वित्तेन सः जनः स्वपुत्रम एकस्मिन् महाविद्यालये प्रवेशं दापयितुं सफलो जातः।

(iii) **निर्देशानुसारम् उत्तरत—**

(अ) (क) सः

(ख) गृही

अथवा

(आ) (क) तनूजस्य

(ख) निर्धन जनाय

13. (i) **एकपदेन उत्तरत—**

(क) मनः

(ख) निमित्तम्

(ग) निमित्तस्य

(ii) **पूर्णवाक्येन उत्तरत—**

(क) निमित्तमुद्दिश्य हि यः प्रकुप्यति, ध्रुवं स तस्यापागमे प्रसीदति।

(ख) अकारणद्वेषि मनस्तु जनः कथमपि न परितोषयिष्यति।

(ग) निमित्तस्य अपगमे मनुष्यः प्रसीदति।

(iii) **निर्देशानुसार उत्तरत—**

(अ) (क) प्रकुप्यति

(ख) मनः

अथवा

(आ) (क) ध्रुवम्

(ख) सः

14. (i) **एकपदेन उत्तरत—**

(क) बकः

(ख) वनराजपदाय

(ग) वानराणाम्

(ii) **पूर्णवाक्येन उत्तरत—**

(क) सिंहः गजं वृक्षात् वृक्षं प्रति धावन्तं दृष्ट्वा हसति।

(ख) वन्यजन्तूनां रक्षायै वानराः आत्मानं क्षमाः मन्यन्ते।

(ग) बकः स्वसभायां विविधपदमलङ्कुर्वाणैः जन्तुभिश्च मिलित्वा रक्षोपायान् क्रियान्वितान् कारयिष्यति।

(iii) **निर्देशानुसार उत्तरत—**

(अ) (क) विहाय

(ख) अतुदन्

अथवा

(आ) (क) जले

(ख) अन्यं

15. (i) सः **केन्** भारम् उद्वहति?

(ii) **किम्** ताम् अपृच्छत्?

(iii) अयम् **केभ्यो/केभ्यः** दुर्बलः?

(iv) **कासाम्** माता सुरभिः आसीत्?

16. (अ) अन्वयः—फलच्छायासमन्वितः (i) **महावृक्षः** सेवितव्यः। (ii) **दैवात्** यदि फलं (iii) **नास्ति** (वृक्षस्य) (iv) **छाया** केन निवार्यते।

अथवा

(आ) भावार्थः —अस्य भावोऽस्ति यत् यः नरः सत्यां धर्मयुक्ताम् (i) **वाणीम** त्यक्त्वा (ii) **कठोराम्** वाचं वदेत् सः (iii) **बुद्धिहीनः** पक्वं फलं त्यक्त्वा (iv) **अपक्वम्** फलं खादति अर्थात् तस्य नरस्य वाण्यां सरसता मधुरता न भवति।

17. (i) कश्चन निर्धनः जनः वित्तमुपार्जितवान्।

(ii) पठनकाले छात्रावासे निवसन् तस्य पुत्रः रुग्णः अभवत्।

(iii) सः पुत्रं द्रष्टुं बसयानं विहाय पदातिरेव प्राचलत्।

(iv) मार्गे रात्रौ करुणापरो गृही तस्मै आश्रयं प्रायच्छत्।

(v) तस्मिन् गृहे रात्रौ कश्चन चौरः गृहाभ्यन्तरं प्रविष्टः।

(vi) चौरस्य पादध्वनिना अतिथिः प्रबुद्धः अभवत् तमन्वधावत् च।

(vii) न्यायाधीशः पुनः तौ घटनायाः विषये वक्तुम् आदिष्टौ।

(viii) न्यायाधीशः तम् अतिथिं ससम्मानं मुक्तवान्।

18. (i) **(ख)** त्यजति

(ii) **(क)** कठिनं

(iii) **(क)** रहस्यस्थानं

■■

उत्तरमाला

प्रतिदर्श प्रश्न पत्र-3

खण्डः 'क'

अपठितावबोधनम् (10 अङ्काः)

1 . (अ) **एकपदेन उत्तरत्—**

(i) पर्यावरण-प्रदूषणम्

(ii) भूमेः

(iii) वृक्षाः

(आ) **पूर्णवाक्येन उत्तरत—**

(i) पर्यावरणस्य आधाराः पुष्पिताः पल्लविताः वृक्षाः भवन्ति।

(ii) वृक्षाः पुष्पाणां, फलानाम् औषधीनां च आगाराः सन्ति।

(iii) वृक्षाणाम् जलं मेघानां निर्माणे सहायकं भवति इत्थं वृक्षाः वर्षायै सहायकाः भवन्ति।

(इ) उपयुक्तं शीर्षकं—पर्यावरणम्/ वृक्षाः/ वृक्षाणां महत्त्वम्/ प्रकृतिसंरक्षणम्/ वृक्षाः सत्पुरुषा

(ई) **यथानिर्देशम् उत्तरत—**

(i) (ग) समस्या

(ii) (घ) पश्यामः

(iii) (ख) स्वच्छम्

खण्ड : 'ख'

रचनात्मकं कार्यम् (15 अङ्काः)

2. (अ) आदर्शविद्यालयः

दिल्लीतः

दिनाङ्कः 28/02/xx

प्रियमित्र दीपक!

सस्नेहं नमः।

अत्र सर्वगतं कुशलम्। आशासे त्वम् अपि कुशलौ। यथा त्वम् जानासि गत सप्ताहे मम विद्यालये संस्कृत-उत्सवः सम्पन्नः। अस्मिन् उत्सवे संस्कृतपरिषदः छात्राः पाठ्यपुस्तकस्य 'कवयामि वयामि यामि' इति नाटकस्य मञ्चनम् अकुर्वन्। तस्मिन् नाटके मया 'भोजनस्य' अभिनयः कृतः। कुविन्दस्य अभिनयं मम मित्रं प्राञ्जलः अकरोत्। तस्या मुखात् श्लोकगायनं श्रुत्वा सर्वेऽपि उपस्थिताः दर्शकाः भावविभोराः जाताः करतलध्वनिभिः च तस्य उत्साहवर्धनम् कृतवन्तः। कार्यक्रमस्य अन्तेऽपि मुख्यातिथिमहोदयेन संस्कृतनाटकस्य भूरि-भूरि प्रशंसा कृता। वस्तुतः अयम् उत्सवः मनोरञ्जकं ज्ञानवर्धकं च आसीत्।

तव विद्यालये संस्कृतोत्सवः कदा भविष्यति इति अवश्यं सूचय।

मातृपितृचरणेषु मम प्रणामाः।

तब मित्रम्

तनिष्कः

अथवा

(आ) छात्रावासतः

दिनाङ्कः 28/02/20xx

प्रिय मित्र!

सप्रेम नमो नमः,

अत्र कुशलं तत्र अस्तु। भवतः पत्रं पठित्वा अतीव प्रसन्नताम् अनुभवामि यत् भवान् मित्रैः सह जलसंरक्षणप्रचारकार्ये रतोऽस्ति। एषः तु उत्तमः विचारयति अस्ति।

जलम् एव जीवनम् इति वयं सर्वे जानीमः परं पुनरपि वयम् अस्य अपव्ययम् कुर्मः। अनेन आगामिकाले यद् भीषणं जलसङ्कटं भवेत् इति कोऽपि न जानीमः। जलसंराणार्थं जागरूकता अनिवार्या एव। यदि जनाः अत्र ध्यानं न दास्यन्ति तदग अस्माकं देशा स्थितिरपि अफ्रीकादेशवत् भविष्यति।

अतः जलसंरक्षणार्थं जागरूकता अनिवार्या। शेषं सर्वं कुशलम्। पितृभ्यां चरणयोः मम् वन्दन।

भवतः मित्रम्

उमेशः

3. (अ) (i) इदम् चित्रे तरणतालस्य दृश्यम् अस्ति।

(ii) चित्रे बालाः जले कन्दुकेन क्रीडन्ति।

(iii) अस्मिन् चित्रे जनाः तरन्ति।

(iv) ग्रीष्मकाले जनाः प्रसन्नाः दृश्यन्ति।

(v) चित्रे तरणतालः स्वच्छम् पश्यति।

अथवा

(आ) **दीपावलिः**

(i) 'दीपावलिः' इति मम प्रियः उत्सवः अस्ति।

(ii) अमावास्यायां सांयङ्काले लक्ष्मीपूजनं भवति।

(iii) बालकाः स्फोटकानि स्फोटयन्ति।

(iv) दीपावलिः दीपानाम् उत्सवः अस्ति।

(v) धनत्रयोदश्यां सांयङ्काले लक्ष्मीपूजनं/कुबेरपूजनं भवति।

4. (i) पाचकः भोजनम् अपचत्।

(ii) श्रमिकः कठिनं परिश्रमम् अकरोत्।

(iii) कृषकौ क्षेत्रम् अकर्षताम्।

(iv) वयं विद्यालये क्रीडन्ति/खेलन्ति।

(v) बालकः मित्रेण सह विपण्यं गच्छति।

खण्ड : 'ग'

अनुप्रयुक्त व्याकरणम् (25 अङ्काः)

5. (अ) (i) सरस्त्वाय
(ii) नामधेयो भवतो:
(iii) स्यात् + न
(iv) नयनम्

अथवा

(आ) (i) चक्षु: + नामनी
(ii) उद्वहति
(iii) दारुण: + च
(iv) यद्अहम्

6. (i) **(ख)** भारस्य वेदनया
(ii) **(घ)** लता: च तरव: च गुल्मा: च
(iii) **(क)** उपरामम्
(iv) **(ख)** पिककाकयो:
(v) **(घ)** विमूढा धी: यस्य स:

7. (i) **(ख)** विद्वस् + ङीप्
(ii) **(ग)** बुद्धि + मतुप
(iii) **(घ)** सामाजिक:
(iv) **(ख)** श्रुतवती

8. (i) **(क)** धारयते।
(ii) **(घ)** गम्यते।
(iii) **(ख)** साधुं।

9. (i) अष्टवादने।
(ii) सार्ध-नववादने।
(iii) पादोन-एकवादने।
(iv) सपाद-द्विवादने।

10. (i) उच्चै।
(ii) इदानीम्।
(iii) च।

11. (i) **(ख)** स:।
(ii) **(क)** गमिष्यति।
(iii) **(घ)** सर्वाणि।

खण्ड : 'घ'

पठितावबोधनम् (30 अङ्काः)

12. (i) **एकपदेन उत्तरत—**
(क) आरक्षिणम्
(ख) न्यायालयम्
(ग) शवम्

(ii) **पूर्णवाक्येन उत्तरत्—**
(क) उभौ काष्ठपटले निहितं पटाच्छादितं देहं वहन्तौ न्यायाधिकरणं प्रति प्रस्थितौ।
(ख) कर्मचारी समागत्य न्यवेदयत् यत् इत: क्रोशद्वयान्तराले कश्चिज्ज्न: केनापि हत:, तस्य मृतशरीरं च राजमार्ग निकषा वर्तते। आदिश्यतां किं करणीयमिति।
(ग) न्यायाधीशो **बंकिमचन्द्र:** उभाभ्यां पृथक् पृथक् विवरणं श्रुतवान्।

(iii) **निर्देशानुसारम् उत्तरत्—**
(अ) (क) स:
(ख) देहम्

अथवा

(आ) (क) निकषा
(ख) बंकिमचन्द्र:

13. (i) **एकपदेन उत्तरत—**
(क) निर्मलम्
(ख) धरातलम्
(ग) वायुमण्डलं

(ii) **पूर्णवाक्येन उत्तरत—**
(क) मनुष्यै: बहिरन्तर्जगति तु बहु शुद्धीकरणम् करणीयम्।
(ख) भक्ष्यं कुत्सितवस्तुमिश्रितं जातम्।
(ग) शुद्धीकरणं बहिरन्तर्जगति करणीयम्।

(iii) **निर्देशानुसारम् उत्तरत—**
(अ) (क) भृशम्
(ख) बहि:

अथवा

(आ) (क) निर्मलम्
(ख) दूषितं

14. (i) **एकपदेन उत्तरत—**
(क) नदी
(ख) सिंह:
(ग) वृक्षोपरि

(ii) **पूर्णवाक्येन उत्तरत—**
(क) क्रुद्ध सिंह: वानरं प्रहर्तुमिच्छति।
(ख) विविधा: पक्षिण: हर्षमिश्रित कलरवं कुर्वन्ति।
(ग) "क्रुद्ध: सिंह इतस्तत: धावति" इत्यस्मिन् वाक्ये क्रिया पदं '**धावति**' अस्ति।

(iii) **निर्देशानुसारम् उत्तरत—**
(अ) (क) अपर:
(ख) विशेषण—**क्रुद्ध:**, विशेष्य-**सिंह**

अथवा

(आ) (क) वानरा:
(ख) हर्षमिश्रितं

15. (i) उभौ शवं **कुत्र** स्थापित्वन्तौ?
(ii) न्यायाधीश: **क:** आसीत्?
(iii) जनकेन **कस्मै** शैशवे विद्याधनं दीयते?
(iv) स: ऋषभ: हलमूद्वा गन्तुमशक्त: **कुत्र** पपात?

16. (अ) अन्वयः —(i) **लतातरुगुल्माः** प्रस्तरतले पिष्टाः नो (ii) **भवन्तु**। निसर्गे (iii) **पाषाणी** सभ्यता समाविष्टा न (iv) **स्यात्।** मानवाय जीवनं कामये नो जीवन्मरणम्।

अथवा

(आ) भावार्थः —वने केवलम् (i) **चातकः** एव (ii) **एकः** स्वाभिमानी पक्षी वसति। सः (iii) **पिपासितः** वा म्रियते अथवा केवलं जलं (iv) **इन्द्रदेवम्** याचते अर्थात् सः सर्वं न याचते।

17. (i) कश्चन निर्धनः जनः परिश्रमेण किञ्चित् धनम् अर्जितवान्।

(ii) तेन वित्तेन स्वपुत्रं एकस्मिन् महाविद्यालये प्रवेशं कारितवान्।

(iii) निर्धनस्य पुत्रः छात्रावासे निवसन् अध्ययने संलग्नो जातः।

(iv) पुत्रः छात्रावासे रुग्णः जातः।

(v) पुत्रस्य रुग्णतां श्रुत्वा पिता व्याकुलो जातः।

(vi) साङ्यकाले जातः परं गन्तव्यात् सः पुत्रः दूरे आसीत्।

(vii) निर्धनः स्वपुत्रं द्रष्टुं पदातिः एव प्राचलत्।

(viii) सः पार्श्वस्थिते ग्रामे रात्रिनिवासं कर्तुं कमपि गृहम् उपागतः।

18. (i) **(क)** पत्नी

(ii) **(ग)** वद

(iii) **(ख)** मार्गे

❑❑

उत्तरमाला

प्रतिदर्श प्रश्न पत्र-4

खण्डः 'क'

अपठितावबोधनम् (10 अङ्काः)

1. (अ) **एकपदेन—**
   (i) सेवाधर्मः
   (ii) ज्ञानं
   (iii) असहायस्य

(आ) **पूर्णवाक्येन—**
   (i) स्वक्षमतया परेभ्यः सहयोगप्रदानं हि जीवनस्य सार्थक्यम् उद्देश्यं भवति।
   (ii) सेवायाः अयमेव अभिप्रायः यत् मानवः सम्यक् परस्परं साहाय्यं कुर्यात।
   (iii) 'सर्वे भवन्तु सुखिन्' इत्येव भावनया वयं सततं जागरूकाः भवेम्।

(इ) सेवाधर्मः परमधर्मः।

(ई) **यथानिर्देशम् उत्तरत—**
   (i) (क) सक्षमः
   (ii) (घ) समाधानम्
   (iii) (ग) जनाः

खण्ड : 'ख'

रचनात्मकं कार्यम् (15 अङ्काः)

2. (अ) नवदिल्लीतः

दिनाङ्कः 28/2/20xx

प्रिय मित्र सन्दीप!

सप्रेम नमोनमः!

अत्र कुशलं तत्रास्तु। अस्माकं विद्यालयस्य वार्षिकोत्सवः 'वसन्त पञ्चमी' इति पर्वणः अवसरे आयोज्यते। अत्र महाकवि-कालिदासेन विरचितस्य अभिज्ञानशाकुन्तलस्य चतुर्थाङ्कस्य मञ्चनम् छात्रैः प्रस्तोष्यते। अयम् अङ्क अभिज्ञानशाकुन्तलनाटकस्य रत्नभूतः अस्ति। अहमपि कण्वस्य। भूमिकाम् निर्वहामि। अस्माभिः प्रतिदिनं नाटकस्य पूर्वाभ्यासः क्रियते। एतद् दृष्ट्वा त्वम् नूनम् आनन्दम् अनुभविष्यसि। अस्मिन् दिने त्वया अवश्यमेव अत्र आगन्तव्यम्। परिवारे सर्वेभ्यः मम प्रणामाञ्जलयः निवेदनीयाः।

तव अभिन्नमित्रम्

गोपालः

अथवा

(आ) आरक्ष्यधिकारि-महोदय!

लाजपतनगर-क्षेत्रम्

बेतिया

विषयः- चोतिस्य स्यूतस्य प्राथमिक-सूचना।

श्रीमन्,

अनेन पत्रेण अहं भवते तत् सूचयामि यत् ह्यः प्रातः एकादश-वादने रेलमैट्रोयानेन विश्वविद्यालयात् अहं लाजपतनगरम् अगच्छम्। मार्गे मम स्यूतं चोरितम् अभवत्। यस्मिन द्विसहस्रं रूप्यकाणि, कार्यालस्य परिचय-पत्रं, मैट्रोचटिकापत्रं मम आधार-परिचयपत्रं चासन्। स्यूतस्य वर्ण कृष्णः आसीत्। अहं प्राथये यत् यथाशीघ्रं मम स्यूतम् अन्वेष्य मां कृतार्थं करोतु भवान्।

सधन्यवादम्

निवेदकः

अजयः

निवासस्थानम् - सीतामढ़ी

दूरभाष-संख्या - xx9324

दिनाङ्कः 28/2/20xx

3. (अ) (i) अस्मिन् चित्रे श्रावणमासस्य वर्षायाः दृश्यम् अस्ति।
   (ii) चित्रे आकाशे इन्द्रधनुषम् अस्ति।
   (iii) इदम् चित्रे मयूरः नृत्यति।
   (iv) चित्रे वृक्षाः सन्ति।
   (v) मण्डूकः 'टर्र टर्र' इति शब्दम् उच्चारणं करोति।

अथवा

(आ) **'स्वच्छता'**
   (i) स्वच्छता जीवने आवश्यकी भवति।
   (ii) यत्र स्वच्छता वर्तते तत्र लक्ष्मी भगवती च निवसति।
   (iii) बालकाः अपि स्वगृहं विद्यालयं च यथाशक्ति कर्तुं प्रयतन्ते।
   (iv) जनाः स्वच्छताया विषये अवधानं न यच्छन्ति।
   (v) सर्वे स्वच्छतायाः नियमानां पालनं कुर्वन्तु।

4. (i) अद्यत्वे त्वं कुत्र वससि?
   (ii) अस्माकं विद्यालये वार्षिकोत्सवः अस्ति।
   (iii) परिश्रमी सदैव सफलः भवति।
   (iv) गङ्गायाः जलं पवित्रं भवति।
   (v) विद्यया विना जीवनं व्यर्थम्।

खण्ड : 'ग'

अनुप्रयुक्त व्याकरणम् (25 अङ्काः)

5. सन्धि

(अ) (i) नोत्थित:

(ii) यन्मानुषादपि

(iii) प्रवासोऽयं

(iv) मेधावै

अथवा

(आ) (i) अयमेकस्तावत्

(ii) चलत् + अनिशं

(iii) पिपासितो वा

(iv) कृत + उपकार:

6. (i) (ग) कुटुम्बस्य वृतान्त:

(ii) (क) समानशीलव्यसनेषु

(iii) (ख) मलस्य अभाव:

(iv) (घ) व्याघ्र: च चित्रक: च

7. (i) (ख) पठ् + तव्यत्

(ii) (ख) महत्त्वम्

(iii) (घ) नामधेय + टाप्

8. (i) (ग) कथ्यते

(ii) (क) अहम्

(iii) (क) काक:

9. (i) सार्ध-एकादशवादने

(ii) सपाद-दशवादने

(iii) नववादने

(iv) सार्ध-षड्वादने

10. (i) श्व:

(ii) सहसा

(iii) वृथा

11. (i) (क) पाठयति

(ii) (ख) उन्नत:

(iii) (क) आगमिष्यति

खण्ड : 'घ'

पठितावबोधनम् (30 अङ्काः)

12. (i) **एकपदेन उत्तरत—**

(क) आरक्षी

(ख) शवस्य

(ग) अभियुक्त:/ निर्धन जन:

(ii) **पूर्णवाक्येन उत्तरत—**

(क) "आरक्षी अभियुक्तं प्रति दण्डविषये इदानीं निज-कृत्यस्य फलं भुङ्क्ष्व। अस्मिन् चौर्याभियोगे त्वं वर्षत्रयस्य कारादण्डं लप्स्यसे" इति प्रोच्य उच्चै: अहसत्।

(ख) अभियुक्त: भारवेदनया क्रन्दति स्म।

(ग) यथाकथञ्चिद् उभौ शवमानीय एकस्मिन् चत्वरे स्थापितवन्तौ।

(iii) **निर्देशानुसारम् उत्तरत—**

(अ) (क) त्वं

(ख) मञ्जूषाया:

अथवा

(आ) (क) अभिवाद्य

(ख) अध्वनि

13. (i) **एकपदेन उत्तरत—**

(क) बोधिता:

(ख) उदीरित:/ उदीरितोऽर्थ

(ग) बुद्धय:

(ii) **पूर्णवाक्येन उत्तरत—**

(क) पण्डित: जन: अनुक्तमपि ऊहति।

(ख) मतय: परेङ्गितज्ञानफला: भवन्ति।

(ग) हया: नागा: च बोधिता: भारं वहन्ति। हया: नागश्च बोधिता: भारं वहन्ति।

(iii) **निर्देशानुसारम् उत्तरत—**

(अ) (क) वहन्ति

(ख) नागा:

अथवा

(आ) (क) जन:

(ख) हया:

14. (i) **एकपदेन उत्तरत—**

(क) व्याघ्रचित्रकौ

(ख) सिंह:

(ग) वनराजपदाय

(ii) **पूर्णवाक्येन उत्तरत—**

(क) तत्र वन्यजीवा: भक्षकं रक्षकपदयोग्यं न मन्यन्ते अतएव विचारविमर्श: प्रचलति।

(ख) अधुना तु कोऽपि पक्षी एव राजेति निश्चेतव्यम्।

(ग) सर्वे पक्षिण: 'आम् आम्— कश्चित् खग: एव वनराज: भविष्यति' इति कथयन्ति।

(iii) **निर्देशानुसारम् उत्तरत—**

(अ) (क) व्याघ्रचित्रकौ

(ख) सर्वे

अथवा

(आ) (क) विवादम्

(ख) भक्षकौ

15. (i) अयम् <u>**केभ्यो:**</u> दुर्बल: ?

(ii) पुरा त्वया <u>**कस्मै**</u> व्याघ्रत्रयं दत्तम् ?

(iii) <u>**क:**</u> वने वसति ?

(iv) तपोवनवासिन: जननीं <u>**कस्या:**</u> आह्वयन्ति ?

16. (अ) अन्वय: —महतां (i) सम्पत्तौ च विपतौ च। (ii) एकररूपता। सविता (iii) उदये रक्त: तथा अस्तमये च (iv) रक्त: (भवति)।

अथवा

(आ) भावार्थ: —य: मन्त्री (i) सभायाम् सम्भाषणे चतुर:, धैर्ययुक्त: (ii) निर्भीक च भवति, स: मन्त्री (iii) विरोधिमि: कथमपि (iv) तिरस्कर्तुम् न शक्यते।

17. (i) एक: कृषक: आसीत्।

(ii) तस्य समीपे द्वौ वलीवर्दौ आस्ताम्।

(iii) तयो: बलीवर्दयो: एक: शरीरेण दुर्बल: आसीत्।

(iv) स: जवेन गन्तुम् अशक्त: च आसीत्।

(v) कृषक: तं दुर्बलं वृषभं तोदनेन अवर्तत।

(vi) स: वृषभ: हलमूढ्वा गन्तुम् अशक्त: क्षेत्रे पपात।

(vii) कृषक: तमुत्थापयितुम् बहुवारं यत्नमकरोत् तथापि स: नोत्थित:।

(viii) भूमौ स्वपुत्रं पतितं दृष्ट्वा माता सुरभि: अश्रूणि अमुञ्चत्।

18. (i) **(ख)** अन्य:

(ii) **(घ)** भ्रमरा:

(iii) **(ख)** इन्द्र!

❑❑

उत्तरमाला

प्रतिदर्श प्रश्न पत्र-5

खण्डः 'क'

अपठितावबोधनम् (10 अङ्काः)

1. (अ) **एकपदेन उत्तरत—**
   (i) सामाजिकः
   (ii) मैत्रीभावेन
   (iii) आचरणं

   (आ) **पूर्णवाक्येन उत्तरत—**
   (i) मनुष्याणां सद्व्यवहारेण एव समाजे सुखस्य शान्तेः च स्थापना भवति।
   (ii) अस्माकं वेदेषु उपदिष्टम्-'संगच्छध्वं संवदध्वं सं वो मनांसि जानताम्।
   (iii) येषां जीवने परोपकारादयः गुणाः विलसन्ति तेषां जीवनम् एव धन्यं कथ्यन्ते।

   (इ) सुखी समाजः

   (ई) **यथानिर्देशम् उत्तरम—**
   (i) (ख) निर्माणम्
   (ii) (ग) सौहार्दपूर्णम्
   (iii) (ग) वदन्तु

खण्ड : 'ख'

रचनात्मकं कार्यम् (15 अङ्काः)

2. (अ) प्रिय सखि सुजाता!

सप्रेम नमः।

अत्र कुशलं तत्रास्तु। अस्माकं विद्यालयस्य वार्षिकोत्सवः वसन्तपर्वणि आयोज्यते। अत्र 'कारगिलविजय नाम नाटकस्य मञ्चनं छात्रैः' प्रस्तोष्यते। अहमपि सैनिकस्य भार्यायाः भूमिकां निर्वहामि। अस्माभिः अस्य नाटकस्य प्रतिदिनं पूर्वाभ्यासः क्रियते। त्वम् एतन्नाटकं दृष्ट्वा नूनं। आनन्दम् अनुभविष्यसि। एतदवसरे त्वया अवश्यमेव अत्र आगन्तव्यम्। परिवारे सर्वेभ्यः मम प्रणामाञ्जलिः निवेदनीया।

भवत्या मित्रम्

लता।

अथवा

(आ) सेवायाम्

आदरणीयाः प्रधानाचार्या

डी.ए.वी. विद्यालयः

मुजफ्फरपुरः

विषयः- श्लोकवृत्ति-प्रतियोगितायाः आयोजनाय प्रार्थनापत्रं।

महोदये!

सविनय निवेदनम् यत् अहं भवत्याः विद्यालये दशमकक्षायां पठामि। स्वतंत्रतादिवसे अहम् विद्यालये छात्राणां कृते श्लोकावृत्ति-प्रतियोगितायाः आयोजयितुम् इच्छामि।

अस्य आयोजनेन छात्रेषु श्लोकावृत्ति-प्रतियोगितायाः प्रति उत्साहः वर्धते।

अस्य आयोजनेन विद्यालस्यं-वातावरणम् संस्कृतमयम् भवति।

अतः अहं प्रार्थयेन कृप्या विद्यालस्य परिसरे छात्राणां कृते श्लोकवृत्ति प्रतियोगितायाः आयोजनं करिष्यति भवत्याः महती कृपा भविष्यति।

धन्यवादः

भवत्या आज्ञाकारी छात्रः

आयुषः

दशमकक्षास्थः

3. (अ) (i) अस्मिन् चित्रे व्यस्तं मार्गं दृश्यति।
   (ii) मार्गे वृक्षाः गृहाणि च अपि पश्यन्ति।
   (iii) चित्रे क्रुद्धौ जनौ आक्रोशपूर्वकम् परस्परः दोषारोपणम् करोति।
   (iv) चित्रे जनाः दुर्घटनां पश्यन्ति।
   (v) इदम् चित्रे आरक्षी अपि दृश्यति।

अथवा

"भारत भूमि"

(आ) (i) अस्माकम् भारत भूमिः संस्कृति धर्मपरम्परा च श्रेष्ठा अस्ति।
   (ii) अस्य यमुना, गंगा गोदावरी च नद्यः वहन्ति।
   (iii) भारत भूमिः विविध रत्नानां जननी अस्ति।
   (iv) अत्र अनेकानि तीर्थनगरानि सन्ति।
   (v) भारतदेशे बहुविधाः प्रदेशाः सन्ति।

4. (i) गौरवः पुस्तकं पठति।
   (ii) आचार्यः/ शिक्षकः छात्राय पुरस्कारं ददाति।
   (iii) मोनिका आपणं गच्छति।
   (iv) अहम् श्वः विद्यालयं गमिष्यामि।
   (v) ह्यः रविवासरे आसीत्।

खण्ड : 'ग'

अनुप्रयुक्त व्याकरणम् (25 अङ्काः)

5. (अ) (i) सन्मार्गम्
(ii) वयः + अनुरोधात्
(iii) योजकः + तत्र
(iv) अभ्यागतम्

अथवा

(आ) (i) एकैकपक्षे
(ii) पश्चादन्य
(iii) कः + अत्र
(iv) द्वयाः + अपि

6. (i) (ग) स्थिता प्रज्ञा यस्य सः
(ii) (ख) उद्यमेन समः
(iii) (ग) पिकः च काकः च
(iv) (क) अनुमृगम्

7. (i) (ग) पठितव्यः
(ii) (ख) वार्षिकी।
(iii) (ख) शीतलत्वम्।
(iv) (क) तपस्विन् + ङीप्

8. (i) (ग) गच्छामि।
(ii) (क) त्वया
(iii) (क) मया

9. (i) सार्ध-चतुर्वादने
(ii) पादोन-षड्वादने
(iii) पादोन-एकादशवादने
(iv) सार्ध-नववादने

10. (i) वायुमण्डलं **इदानीम्** प्रदूषितमस्ति।
(ii) प्राकृतिक-वातावरणे क्षणं सञ्चरणम् **अत्र** लाभदायकं भवति।
(iii) पर्यावरणस्य संरक्षणम् **एव** प्रकृतेः आराधना।

11. (i) (ग) फलानि
(ii) (घ) गच्छतः
(iii) (क) गमिष्यति

खण्ड : 'घ'

पठितावबोधनम् (30 अङ्काः)

12. (i) **एकपदेन उत्तरत—**
(क) आरक्षी
(ख) विचित्रा
(ग) चौरः

(ii) **पूर्णवाक्येन उत्तरत—**
(क) ग्रामवासिनः वराकम् अतिथिमेव चौरं मत्वा अभर्त्सयन्।
(ख) "चौरोऽयं चौरोऽयं" इति आरक्षी उच्चैः क्रोशितुमारभत।
(ग) वस्तुतः चौरः ग्रामस्य आरक्षी आसीत्।

(iii) **निर्देशानुसारम् उत्तरत—**
(क) विचित्रा
(ख) ग्रामवासिनः
(ग) प्रबुद्धाः

13. (i) **एकपदेन उत्तरत—**
(अ) (क) मृगाः
(ख) सुधियः
(आ) (क) गोभिः
(ख) प्रविष्टः

(ii) **पूर्णवाक्येन उत्तरत—**
(क) समान-शील व्यसनेषु सख्यं भवति।
(ख) तुरगाः तुरङ्गैः सह अनुव्रजन्ति।
(ग) मूर्खाः मुर्खैः सुधियः सुधीभिः सह अनुव्रजन्ति।

(iii) **निर्देशानुसारम् उत्तरत—**
(अ) (क) अनुव्रजन्ति
(ख) सख्यम्

अथवा

(आ) (क) तुरगाः
(ख) मूर्खाः

14. (i) **एकपदेन उत्तरत—**
(क) वसन्तसमय
(ख) काकः
(ग) काकचेष्टः

(ii) **पूर्णवाक्येन उत्तरत—**
(क) अन्ते काकः पिकं प्रति वदति—"अरे परभृत। अहं यदि तव सन्ततिं न पालयामि तर्हि कुत्र स्युः पिका? अतः अहं एव करुणापरः पक्षिसम्राट् काकः" इति।
(ख) अनृतं वदसि चेत् काकः दशेत्।
(ग) काकः आत्मानं वनराजः भवतिुं योग्यः चिन्तयति।

(iii) **निर्देशानुसारम् उत्तरत—**
(अ) (क) वयम्
(ख) वनराजः

अथवा

(आ) (क) गौराङ्गः
(ख) पिकः

15. (i) चातकः **कुत्र** वसति?
(ii) करुणापरो गृही **कस्मै** आश्रयं प्रायच्छत?

(iii) मालाकार: **कै:** तरो पुष्टिं करोति?

(iv) स: **केन** भारम् उद्वहति?

16. (अ) अन्वय: —आलस्यं हि (i) **मनुष्याणाम्** शरीरस्थ: (ii) **महान्** रिपु: (अस्ति)। (iii) **उद्यमसम:** बन्धु: न अस्ति य (iv) **कृत्वा** (मानव:) न अवसीदति।

अथवा

(आ) गुणवान् जन: एवं (i) **गुणानाम्** महत्त्वं जानाति। गुणहीन: गुणानां महत्त्वं न अवगच्छति। तथैव (ii) **बलवान्** जन बलस्य महत्त्वं जानाति परन्तु दुर्बल: बलस्य महत्त्वं न अवगच्छति। वसन्त-ऋतो: महत्त्वं कोकिल: एव सम्यम् (iii) **अवगन्तुम** शक्नोति न तु काक:। एवमेव गज: सिंहस्य (iv) **पराक्रमस्य** महत्वं जानाति। मूषक: तस्य शौर्यम् अवगन्तुं न शक्नोति।

17. (i) 'बहूनि अपत्यानि मे सन्ति' इति सत्यम्।

(ii) तथापि मम अस्मिन् पुत्रे विशिष्ट: स्नेह:।

(iii) यतो हि अयम् अन्येभ्य: दुर्बल:।

(iv) सर्वेषु सन्तानेषु जननी तुल्यवत्सला एव।

(v) तथापि दुर्बले सुते मातु: अधिका कृपा भवति।

(vi) सुरभिवचनं श्रुत्वा इन्द्रस्य हृदयम् अद्रवत्।

(vii) स तामेव असान्त्वयत् 'गच्छ वत्से! सर्वं भद्रं जायेत।'

(viii) अचिरादेव चण्डवातेन मेघरवै: च सह प्रवर्ष: समजायत।

18. (i) (ग) वृषभ:

(ii) (घ) इन्द्र:

(iii) (ग) रिपु:

❑❑

उत्तरमाला
प्रतिदर्श प्रश्न–पत्र-6

खण्डः 'क'
अपठितावबोधनम् (10 अङ्काः)

1. (अ) **एकपदेन—**
   (i) वृक्षाः
   (ii) वैदिककाले
   (iii) प्राकृतिक-पर्यावरणस्य

(आ) **पूर्णवाक्येन—**
   (i) 'प्लास्टिक' इति रसायनेन निर्मितवस्तूनि पर्यावरणाय हानिकराणि इति जानन्तः अपि जनाः एतेषां प्रयोगं बाहुल्येन कुर्वन्ति।
   (ii) यदि पर्यावरणं प्राणिजीवनाय अनुकूलं न भविष्यति तर्हि पृथिव्यां जीवनमेव असम्भवं भविष्यति।
   (iii) पर्यावरणप्रदूषकं धूमं क्षिपतां वाहनानाम् औद्योगिक-यन्त्रागाराणां सङ्ख्या निरन्तरं वर्धमाना अस्ति।

(इ) पर्यावरणस्य रक्षणम् आवश्यकम्/पर्यावरणम् (शीर्षक गद्यांश सं संबंधित होना चाहिए)

(ई) **यथानिर्देशम् उत्तरत—**
   (i) (घ) अनुभवन्ति
   (ii) (ख) आविष्काराः
   (iii) (घ) पोषकः

खण्ड : 'ख'
रचनात्मकं कार्यम् (15 अङ्काः)

2. (अ) छात्रावासः

देहरादूनतः।

तिथिः 28/02/20xx

प्रिय आदित्य,

नमोनमः।

अत्र कुशलं तत्रास्तु। तव पत्रेण ज्ञातं यत् त्वम् एकादश-कक्षायां संस्कृत-भाषां पठितुम् इच्छसि। एतत् ज्ञात्वा अहम् अति प्रसन्नः अभवम्। यतः संस्कृतम् पठित्वा वयं स्वदेशस्य गौरवम् अनुभवितुं शक्नुमः। इयं देवभाषा विश्वस्य सर्वासु भाषासु प्राचीनता वैज्ञानिकी च अस्ति। विश्वस्य अनेकासु भाषासु भारतीयभाषासु च संस्कृतस्य शब्दाः प्रायन्ते। किं त्वं जानासि यत् वेदाः, रामायणम्, महाभारतम्, उपनिषदः, पञ्चतन्त्रहितोपदेशादयः ग्रन्थाः संस्कृते एव लिखिताः सन्ति? अतः त्वं सर्वैः विषयैः सह संस्कृतम् अपि परिश्रमेण पठ। अवकाशेषु मम गृहम् आगच्छ। मातापितृभ्यां मम प्रणामान् कथय।

तव मित्रम्

वैभवः।

अथवा

(आ) सेवायाम्

नगर निगम अधिकारी

नवदेहली

विषयः नगरपालिका क्षेत्रे स्वच्छतायाः विषये।

महोदयः,

सविनयम् निवेदनम् अस्ति यद् अहं भवत्याः नगरपालिकाक्षेत्रे निवसति। अस्माकं क्षेत्रे मार्गेषु रहयासु च सर्वत्र अस्वछता व्याप्ता अस्ति। अनेन कारणेन क्षेत्रवासिनः महत्वकष्टम् अनुभवन्ति। यतो हि मार्गाः नालिकाः च चिरकालात् न सम्मार्जिताः। सर्वत्र मार्गेषु इतस्ततः अवकरं क्षिपेयुः। अनेन कारणेन रोगाणाम् अपि आशङ्का वर्तते। नगरपालिकाक्षेत्रे जीवनम् दुर्वहम् जातम्।

कृप्या अस्मिन् विषये विशिष्टं ध्यानं दत्वा यथाशीघ्रं स्वच्छतायाः व्यवस्थां कारयतु।

धन्यवादः

भवताम् आज्ञाकारी

अभिनवः

नव देहली

3. (अ) (i) अस्मिन् चित्रे उद्यानम् अस्ति।
   (ii) अस्मिन् चित्रे वृक्षाः सन्ति।
   (iii) वृक्षाः परोपकारं कुर्वन्ति।
   (iv) चित्रे जनाः बसस्थाने प्रतीक्षाम् कुर्वन्ति।
   (v) चित्रे विशालभवनानि अपि सन्ति।

अथवा

(आ) **'विद्याधनं सर्वधनप्रधानम्'**
   (i) विद्याधनं सर्वेषु धनेषु प्रधानम् अस्ति।
   (ii) विद्याविहीनः जनः पशुवत् एव अस्ति।
   (iii) विद्या ददाति विनयं विनयात् याति पात्रताम्।
   (iv) विद्यया एव मानवस्य कार्यक्षमता वर्धते।
   (v) मानवः विद्यया धनं प्राप्तनोति।

4. (i) गृहात् बहिः मा क्रीड।
   (ii) भारतम् ऋषीणाम् भूमिः अस्ति।
   (iii) अस्माकं जीवनं अनुशासितं भवेत्।
   (iv) अहं स्वजन्मदिवसे देवालयं गमिष्यामि।

(v) बालकः मित्रैः सह पठति।

खण्ड : 'ग'

अनुप्रयुक्त व्याकरणम् (25 अङ्काः)

5. सन्धि

(अ) (i) इति + उक्त्वा

(ii) धिक् + मामेवं

(iii) एकस्तावत्

(iv) चन्द्र उदेति

अथवा

(आ) (i) किञ्चित् + अन्तरम्

(ii) व्याघ्रः + अपि

(iii) ह्यनन्ताः

(iv) निः + फल

6. (i) (ख) भयाकुलम्

(ii) (क) कुशः च लवः च

(iii) (घ) क्षेत्रकर्षणम्

(iv) (ग) वाष्पेन सहितम्

7. (i) (ख) गम् + क्त

(ii) (घ) अवक्र + तल्

(iii) (ख) व्याघ्रमार + ङीप्

(iv) (क) महत्त्वम्

8. (i) (क) पायसम्

(ii) (ग) मया

(iii) (ख) पच्यन्ते

9. (i) **द्विवादने**

(ii) **सार्ध-त्रिवादने**

(iii) **चतुर्वादने**

(iv) **सार्ध-चतुर्वादने**

10. (i) ईश्वरः **सदैव** स्मरणीयः।

(ii) अहं **अधुना** विद्यालयं गच्छामि।

(iii) असत्यं **मा** वद।

11. (i) (ख) भविष्यति

(ii) (क) गच्छामि

(iii) (ख) बालकाः

खण्ड : 'घ'

पठितावबोधनम् (30 अङ्काः)

12. (i) **एकपदेन उत्तरत—**

(क) वृषभः/ दुर्बलवृषभः

(ख) सर्वधेनुनाम्

(ग) वृषभम्/ दुर्बलवृषभम्

(ii) **पूर्णवाक्येन उत्तरत—**

(क) स्वपुत्रं (वृषभम्) भूमौ पतिते दृष्ट्वा सुरभिः रोदिति स्म।

(ख) क्रुद्धः कृषीवलः/ कृषकः पतितं वृक्षभम् उत्थापयितुं प्रायतत।

(ग) सुराधिपः सुरभिम् अपृच्छत्।

(iii) **निर्देशानुसार उत्तरत—**

(अ) (क) अश्रूणि

(ख) क्रुद्धः

अथवा

(आ) (क) जवेन

(ख) दुर्बलं

13. (i) **एकपदेन उत्तरत—**

(क) बाल्ये

(ख) पुत्राय

(ग) पिता

(ii) **पूर्णवाक्येन उत्तरत्—**

(क) अस्य पिता किं तपः तेपे इति उक्तिः कृतज्ञता।

(ख) पिता पुत्राय महत् विद्याधनं यच्छति।

(ग) पिता पुत्राय बाल्ये विद्याधनं यच्छति।

(iii) **निर्देशानुसारम् उत्तरत—**

(क) पुत्राय

(ख) विद्याधनं

(ग) पिता

14. (i) **एकपदेन उत्तरत—**

(क) रामस्य/ महाराजस्य

(ख) विदूषकः

(ग) रामः

(ii) **पूर्णवाक्येन उत्तरत—**

(क) वयमत्र कुशलप्रश्नस्य भाजनम्।

(ख) राजासनम् एतत् अध्यासितुम् न युक्तम्।

(ग) रामः सिंहासनस्थः भवति।

(iii) **निर्देशानुसारम् उत्तरत—**

(अ) (क) स्पर्शः

(ख) अध्यास्यतां

अथवा

(आ) (क) कुशलवौ

(ख) अध्यास्यतां

15. (i) बुद्धिमती **कया** पुत्रौ प्रहृतवती ?

(ii) **काम्** दृष्ट्वा धूर्तः शृगालः अवदत् ?

(iii) **कः** लोके परिभवं न प्राप्नोति ?

(iv) सर्वे **काम्** प्रणमन्ति ?

16. (अ) अन्वयः —

(i) **लतातरुगुलमाः** प्रस्तरतले पिष्टाः नो (ii) **भवन्तु।** निसर्गे (iii) **पाषाणी** सभ्यता समाविष्टा न (iv) **स्यात्।** मानवाय जीवनं कामये नो जीवन्मरणम्।

अथवा

(आ) भावार्थः —इदं सत्यमेव यत् (i) **आलस्यम्** तु मानवानां शरीरेषु स्थितः (ii) **महान्** शत्रुः अस्ति। यतः शरीरे आलस्यकारण ात् मानवस्य विकासगतिः स्थिरा भवति। मानवानां कृते जगति (iii) **उद्यमसमः** कोऽपि बन्धुः नास्ति। मानवः उद्यमं कृत्वा एव निरन्तरं विकासं करोति, अनेन कदापि (iv) **दुःखितः** न भवति।

17. (i) बुद्धिमती पुत्रद्वयेन उपेता पितुर्गृहं प्रति चलिता।

(ii) मार्गे सा एकं व्याघ्रम् अपश्यत्।

(iii) व्याघ्रं दृष्ट्वा सा पुत्रौ ताडयन्ती उवाच अधुना एकमेव व्याघ्रं विभज्य भुज्यताम्।

(iv) व्याघ्रः व्याघ्रमारी इयमिति मत्वा पलायितः।

(v) जम्बुककृतोत्साहः व्याघ्रः पुनः काननम् आगच्छत्।

(vi) प्रत्युत्पन्नमतिः सा शृगालम् आक्षिपन्ती उवाच।

(vii) 'त्वं व्याघ्रत्रयम् आनेतु' प्रतिज्ञाय एकमेव आनीतवान्।

(viii) गलवद्धशृगालकः व्याघ्रः पुनः पलायितः।

18. (i) (क) गुप्तप्रदेशम्

(ii) (ग) मित्र!

(iii) (क) असत्यम्

❑❑

उत्तरमाला
प्रतिदर्श प्रश्न–पत्र-7

खण्डः 'क'

अपठितावबोधनम् (10 अङ्काः)

1. (अ) एकपदेन—

(i) राजमार्गे

(ii) सेवकाः

(iii) स्त्रीपुत्रादिभ्यः

(आ) पूर्णवाक्येन—

(i) भगवान् बुद्धः भिक्षुं दिग्भ्यः प्रणामनिवेदनस्य अभिप्रायं पृच्छति।

(ii) सेवकान् प्रति प्रणामः अस्मत्स्नेहं वात्सल्यं सौहार्दं च सूचयति।

(iii) पूर्वदिशि कृतः नमस्कारः तु मातापितृभ्यां गृहस्वामिने च भवति दक्षिणदिक् आचार्याय, पश्चिमदिक् स्त्रीपुत्रादिभ्यः, उत्तरदिक् च मित्रादीनां कृते भवति। एवमेव ऊर्ध्वदिक् श्रमणब्राह्मणेभ्यः अधोदिक् च सेवकेभ्यः भवति।

(इ) सेवाधर्मः परमधर्मः।

(ई) यथानिर्देशम् उत्तरत—

(i) **(ग)** सेवकेभ्यः

(ii) **(क)** अब्रवीत्

(iii) **(क)** भगवान्

खण्ड : 'ख'

रचनात्मकं कार्यम् (15 अङ्काः)

2. (अ) नूतनविद्यापीठम्,

कर्णाटकतः।

तिथिः 28/02/2025

पूज्ये मातः!

सादरं चरणस्पर्शः!

अत्र खलु सर्वगतं कुशलम्। मन्ये तत्रापि सर्वे कुशलिनः। मातः! अस्माकं विद्यालयस्य समीपे एकः अन्यः विद्यालयः अस्ति। यत्र सर्वे दीनाः असहायाः छात्राः एव पठन्ति। अस्माकं प्राचार्यः तस्य विद्यालयस्य दशमकक्षायाः छात्रैः सह गीता-अन्त्याक्षरी-प्रतियोगिताम् आयोजितवान्। जानाति भवती, वयं सर्वे तस्यां पराजिता जाताः। तेषां प्रदर्शनं तु अभूतपूर्वम् आसीत्। नूनं दर्पः सर्वं नाशयति, श्रमः सर्वत्र विजयते।

पितृचरणयोः प्रणामाः।

भवत्याः प्रिया सुता,

(x) <u>सरोजिनी</u>

अथवा

(आ) सेवायाम्

आदरणीयाः प्रधानाचार्या।

डी.ए.वी. विद्यालयः

मोतिहारी

विषयः संस्कृतसम्भाषण-शिविरम् आयोजनाय अनुमतिं प्राप्तुं प्रार्थनापत्रम्

महोदये!

सविनयम् निवेदनम् अस्ति यत् अहं भवत्याः विद्यालये दशमकक्षाां पठामि। स्वतंत्रतादिवसे अहम् विद्यालये संस्कृतसमभाषण-शिविरम् आयोजयितुम् इच्छामि। अस्य आयोजनेन छात्रेषु संस्कृतभाषा प्रति उत्साहः वर्धते। संस्कृतसम्भाषण-शिविरम् आयोजनेन विद्यालयं वातावरणम् संस्कृतमयम् भवति।

अतः अहं प्रार्थये यत् कृपया मह्यां संस्कृत-समभाषाण शिविराय अनुमतिपत्रं प्रदाय अनुगृहणातु भवत्याः महती कृपा भविष्यति।

धन्यवादः

भवत्या आज्ञाकारी छात्रः

उद्गीथः

दशमकक्षास्थः

3. (अ) (i) अस्मिन् चित्रे ऐतिहासिकस्थनानि भवनानि चित्रम् सन्ति।

(ii) चित्रे अनेकानि सुन्दराणि मन्दिरम् सन्ति।

(iii) चित्रे रक्तदुर्गम् अपि दृश्यति।

(iv) इदं चित्रे ताजमहलम् अस्ति।

अथवा

(आ) 'वायुप्रदूषणम्'

(i) वायुप्रदूषणम् स्वास्थाय हानिकारकः भवति।

(ii) वायुप्रदूषणस्य प्रमुखं कारणं वाहनानि धूम्रं अस्ति।

(iii) वायुप्रदूषणस्य कारणात् श्वासरोगाः, नेत्ररोगाः त्वचारोगाः च वर्धन्ते।

(iv) वृक्षाणां कर्तनस्य कारणात् अपि वायुप्रदूषणं वर्धते।

(v) उद्योगानाम् धूम्रं अपि वायुप्रदूषणस्य कारणं अस्ति।

4. (i) मधुरः मम मित्रम् अस्ति।

(ii) अनेके जनाः उद्याने भ्रमन्ति।

(iii) वयं गृहं गच्छामः।

(iv) रमा ह्यः संस्कृत-गीतम् अगायत्।

(v) विद्यालये शतम् शिक्षकाः सन्ति।

खण्ड : 'ग'

अनुप्रयुक्त व्याकरणम् (25 अङ्काः)

5. सन्धि

(अ) (i) पश्चादन्यः

(ii) भयाकुलचित्तः + नष्टः

(iii) अश्क्तश्च

(iv) खलु + एतत्

अथवा

(आ) (i) स्यान्मे

(ii) अनभिज्ञः + अहम्

(iii) विनिपातः + न

(iv) द्वावपि

6. (i) (ग) वाष्पयानानां माला

(ii) (ख) वचनं वचनं प्रति

(iii) (ग) व्याघ्रः चित्रकः च

(iv) (क) निर्गुणः

7. (i) (ख) गम् + क्त

(ii) (क) विमुक्त + टाप्

(iii) (ग) बुद्धि + मतुप्

(iv) (ख) पुत्रद्वयोपेत + टाप्

8. (i) (ग) गच्छसि

(ii) (क) मया

(iii) (घ) क्रियते

9. (i) सार्ध-चतुर्वादने

(ii) सपाद-षड्वादने

(iii) सप्तवादने

(iv) सार्ध-सप्तवादने

10. (i) विद्वांसः **श्वः** अत्र आगमिष्यन्ति।

(ii) समुद्रे वृष्टिः **वृथा** भवति।

(iii) कुक्कुरः **उच्चैः** शब्दं करोति।

11. (i) (ख) तव

(ii) (ख) गमिष्यन्ति

(iii) (क) धूर्ता

खण्ड : 'घ'

पठितावबोधनम् (30 अङ्काः)

12. (i) **एकपदेन उत्तरत—**

(क) मातुः

(ख) प्रवर्षः

(ग) पुत्रस्य

(ii) **पूर्णवाक्येन उत्तरत—**

(क) मातुः अधिका कृपा दुर्बले सुते भवति।

(ख) इन्द्रः दुर्बलः वृषभस्य कष्टानि अपाकर्तुं वृष्टिं कृतवान्।

(ग) जननी तुल्यवत्सला भवति।

(iii) **निर्देशानुसार उत्तरत—**

(अ) (क) कृच्छ्रेण

(ख) **विशेष्य**—पुत्रेषु, **विशेषण**—सहस्राधिकेषु

अथवा

(आ) (क) **कर्तृपदं**—कृषकः, **क्रियापदं**—पीडयति।

(ख) भृशं

13. (i) **एकपदेन उत्तरत—**

(क) मनः

(ख) निमित्तम्

(ग) निमित्तस्य

(ii) **पूर्णवाक्येन उत्तरत—**

(क) निमित्तमुद्दिश्य हि यः प्रकुप्यति, ध्रुवं स तस्यापगमे प्रसीदति।

(ख) अकारणद्वेषि मनस्तु जनः कथमपि न परितोषयिष्यति।

(ग) श्लोके मनः अकारणद्वेषि प्रकुप्यति।

(iii) **निर्देशानुसारम् उत्तरम्—**

(अ) (क) प्रकुप्यति

(ख) जनः

अथवा

(आ) (क) ध्रुवम्

(ख) प्रसीदति

14. (i) **एकपदेन उत्तरत—**

(क) वाल्मीकिः

(ख) रामः

(ग) कुशः

(ii) **पूर्णवाक्येन उत्तरत—**

(क) वाल्मीकि उपनयनोपदेशेन सम्बन्धेन लवकुशयोः गुरुः अस्ति।

(ख) कुशः स्वपितुः नाम निरनुक्रोशः ज्ञापयति।

(ग) रामः लवकुशयोः जनकस्य नाम वेदितुम् इच्छति।

(iii) **निर्देशानुसारम् उत्तरत—**

(अ) (क) भगवान्

(ख) अहम्

अथवा

(आ) (क) अम्बा

(ख) भणति

15. (i) उद्याने **केषां** कलरवः चेतः प्रसादयति?

(ii) व्यायामं कुर्वतः **कीदृशः** भोजनम् अपि परिपच्यते?

(iii) **कः** ताम् अपृच्छत्?

(iv) सः **कया** क्रन्दति स्म?

16. (अ) **अन्वयः —** हे जलद! (त्वं) (i) **तपनोष्णतप्तम्** पर्वतकुलम् उद्दामदावविधुराणि (ii) **काननानि** आंश्वास्य नानानदीनदशतानि (iii) **पूरयित्वा** च यत् (स्वयं) रिक्तः असि, सा (रिक्तता) एव तव (iv) **उत्तमा** श्रीः (अस्ति)। च यत् (स्वयं)।

अथवा

(आ) **भावार्थः** —अस्य श्लोकस्य भावः अस्ति यत् (i) **अस्मिन्** विचित्रे संसारे किञ्चिदपि वस्तु निरर्थकं न अस्ति। यतः यदा धावनस्य कार्यं भवति तदा (ii) **अश्वस्य** प्रयोगः भवति परन्तु यदा (iii) **भारवहनस्य** कार्यं भवति तदा खरस्य एव (iv) **आवश्यकता** भवति।

17. (i) अस्ति देउलाख्यो नाम ग्रामः।
(ii) तत्र राजसिंहः नाम राजपुत्रः वसति स्म।
(iii) तस्य भार्या बुद्धिमती आसीत्।
(iv) सा पुत्रद्वयोपेता पितुर्गृहं प्रति चलिता।
(v) मार्गे सा एकं व्याघ्रं ददर्श।
(vi) सा वाक्चातुर्येण बुद्धेः च प्रयोगेन व्याघ्रं भयभीतं कृतवती।
(vii) व्याघ्रः तां व्याघ्रमारी मत्वा अधावत्।
(viii) बुद्धिमती व्याघ्रजाद् भयात् मुक्ताऽभवत्।

18. (i) (क) वने
(ii) (क) संसारे
(iii) (ग) आयुषः

❑❑

उत्तरमाला
प्रतिदर्श प्रश्न–पत्र-8

खण्डः 'क'

अपठितावबोधनम् **(10 अङ्काः)**

1. **(अ) एकपदेन उत्तरत—**
   - **(i)** अतिविशाल
   - **(ii)** विष्णुशर्मा
   - **(iii)** कथाग्रन्थः

   (आ) पूर्णवाक्येन उत्तरत—
   - **(i)** 'अमरसिंह' इति नाम्नः भूपतेः राजनीति-ज्ञानशून्यान् चतुरः पुत्रान् शिक्षयितुम् एतद् विरचितम् जातम्।
   - **(ii)** पञ्चतन्त्रस्य कथाः नैतिक शिक्षायुक्तः सन्ति।
   - **(iii)** पञ्चतन्त्रस्य कथाः अनुवाद-माध्यमेन इण्डोनेशिया-थाईलैण्ड प्रभृति देशेषु अपि रुचिप्रदाः सञ्जाताः।

   (इ) समुचितं शीर्षकं

   'पञ्चतन्त्रम्'

   (ई) यथानिर्देशम् उत्तरत—
   - **(i)** **(घ)** महान्
   - **(ii)** **(ख)** कीर्तिः
   - **(iii)** **(क)** कथासु

खण्ड : 'ख'

रचनात्मकं कार्यम् **(15 अङ्काः)**

2. **(अ)** सेवायाम्

श्रीमन्तः प्राचार्याः

केन्द्रीयविद्यालयः जयपुरम्

राजस्थानम्

विषयः —दिनद्वयस्य अवकाशार्थं प्रार्थना पत्रम्।

महोदयाः

सविनयं निवेदयामि यदहं भवतः विद्यालयस्य माध्यमिक छात्रः अस्मि। ह्यः विद्यालयात् गृहं गच्छन् अहं ज्वरग्रस्त अभवम्। यदाहं चिकित्सक प्रति गतः तदा चिकित्सेन दिनद्वयस्य विश्रामाय परामर्शः प्रदत्त। अतः अहं विद्यालयम् आगन्तुम् असमर्थः अस्मि। कृपया मम प्रार्थनां स्वीकृत्य दिनद्वयस्य अवकाश प्रदाय माम् अनुगृह्णन्तु भवन्तः इति।

भवताम् आज्ञाकारी छात्रः।

राजीवः

दशमी 'व'

क्रमाङ्क - 35

दिनाङ्कः - 28.11.20xx

अथवा

(आ) सेवायाम्

प्रधानाचार्याः

राजकीय सर्वोदय शिक्षाविद्यालयः, सुल्तानपुरी

विषयः शैक्षिकभ्रमणदले समावेशाय निदेवदनम्।

मान्याः!

सादरं निवेदनीयम् अस्ति यद् अहम् एतस्मिन् विद्यालये दशमकक्षायाम् 'अ' वर्गे पठामि। एवं मया श्रूयते यद् आगामिनि शीतकाले अस्माकं विद्यालयात् किमपि शैक्षिकभ्रमणदलं नैनीतालं गमिष्यति। नूतन-स्थलानां दर्शने, नूतन-तथ्यानां ज्ञानार्जने च मम महती अभिरुचिः। अतः अहम् अपि अनेन दलेन सह गन्तुम् इच्छामि। एतदर्थं मया माता-पितृभ्याम् अनुमतिः अपि प्राप्ता। साग्रहं प्रार्थयामि यद् एतदर्थम् अनुमतिं प्रदाय कृतार्थीकरणीयः अयं जनः।

सधन्ययवादम्,

भवतां विनीतः शिष्यः/विनीता शिष्या,

रमेशः/रमा

3. **(अ)**
   - **(i)** चित्रे एका नदी वहति/प्रवहति।
   - **(ii)** अस्मिन् चित्रे उद्यानः अपि अस्ति।
   - **(iii)** चित्रे सूर्यः उदेति।
   - **(iv)** इदम् चित्रे वृक्षाः अपि सन्ति।
   - **(v)** चित्रे पुष्पाणि विकसन्ति।

अथवा

(आ) 'मम विद्यालय'
- **(i)** मम विद्यालयः अस्य नगरस्य एकः प्रतिष्ठितः विद्यालयः।
- **(ii)** अस्य विशालं भवनम् अतीव भव्यं वर्तते।
- **(iii)** अत्र त्रीणि क्रीडाक्षेत्राणि, एकः सुसज्जितः पुस्तकालयः तिस्त्राः प्रयोगशालाः एकं सुन्दरं तरणतालं च सन्ति।
- **(iv)** अत्र यदा-कदा सांस्कृतिक-कार्यक्रमाः अपि भवन्ति यस्मिन् छात्र-छात्राः नृत्य-गीत-नाट्यादयः प्रस्तुतं कुर्वन्ति।

4. (i) ह्यः यूयम कुत्र अगच्छत् ?

(ii) गृहात् बहि उद्यानं अस्ति।

(iii) भारतम् वीराणाम् भूमिः अस्ति।

(iv) अहं स्वजन्मदिवसे शिवालयं गमिष्यामि।

(v) अहं उद्याने क्रीडामि।

खण्ड : 'ग'

अनुप्रयुक्त व्याकरणम् (25 अङ्काः)

5. (अ) (i) तपस्तेपे

(ii) प्रकृतेः + आराधना

(iii) अस्मान्नगरात्

(iv) इत्युक्त्वा

अथवा

(आ) (i) अन्यः + अपि

(ii) किञ्चिद् + वित्तम्

(iii) अन्वयः

(iv) नमस्ते

6. (i) **(घ)** तुल्यं वात्सल्यं यस्याः सा

(ii) **(क)** रथस्य पश्चात्

(iii) **(क)** रामः च लक्ष्मणः च

(iv) **(क)** कज्जलमलिनम्

7. (i) **(ग)** बुद्धि + मतुप्

(ii) **(क)** मिलित + टाप्

(iii) **(ग)** बलवती

(iv) **(क)** लघुता

8. (i) **(ग)** गीयन्ते

(ii) **(ख)** नृत्यतः

(iii) **(ग)** मया

9. (i) **सप्तवादने**

(ii) **अष्टवादने**

(iii) **सार्ध-नववादने**

(iv) **पादोन-एकवादने**

10. (i) केचिद् अम्भोदाः **वृथा** गर्जन्ति।

(ii) उर्मिला सीता **च** गीतं गायतः।

(iii) परीक्षकः **ह्यः** परीक्षणं कृतवान्।

11 (i) **(क)** अभवत्

(ii) **(ब)** दुर्बलः

(iii) **(घ)** महावृक्षम्

खण्ड : 'घ'

पठितावबोधनम् (30 अङ्काः)

12. (i) **एकपदेन उत्तरत—**

(क) विचित्रा

(ख) चौरः

(ग) चौर-पादध्वनिना

(ii) **पूर्णवाक्येन उत्तरत—**

(क) ग्रामवासिनः वराकम् अतिथिमेव चौर मत्वा अभर्त्सयन्।

(ख) "चौरोऽयं चौरोऽयं" इति आरक्षी उच्चैः क्रोशितुमारभत।

(ग) वस्तुतः चौरः ग्रामस्य आरक्षी आसीत्।

(iii) **निर्देशानुसारम उत्तरत—**

(अ) (क) विचित्रा

(ख) ग्रामवासिनः

अथवा

(आ) (क) प्रबुद्धाः

(ख) प्रविष्टः

13. (i) **एकपदेन उत्तरत—**

(क) बोधिताः

(ख) उदीरितः/ उदीरितोऽर्थ

(ग) बुद्धयः

(ii) **पूर्णवाक्येन उत्तरत—**

(क) पण्डितः जनः अनुक्तमपि ऊहति।

(ख) मतयः परेङ्गितज्ञानफलाः भवन्ति।

(ग) हयाः नागाः च बोधिताः भारं वहन्ति/ हयाः नागाश्च बोधिताः भारं वहन्ति।

(iii) **निर्देशानुसारम् उत्तरत—**

(क) वहन्ति

(ख) नागाः

(ग) जनः

14. (i) **एकपदेन उत्तरत—**

(क) काकः

(ख) पिकः

(ग) काकचेष्टः

(ii) **पूर्णवाक्येन उत्तरत—**

(क) काकस्य न रूपं न ध्वनिः अस्ति।

(ख) काकस्य सत्यप्रियता जनानां कृते उदाहरणस्वरूपा 'अनृतं वदसि चेत् काकः दशेत्' इति प्रसिद्धा अस्ति।

(ग) कृष्णवर्णः काकः आसीत्।

(iii) **निद्रेशानुसार उत्तरत—**

(अ) (क) वयम्

(ख) वनराजः

(आ) (क) गौराङ्ग

(ख) काकः

15. (i) अहं वन्यजन्तूनाम् उपरि आक्रमणं कर्तारं **कस्मात्** बहिष्करिष्यामि?

(ii) मां **कुत्र/कस्मिन्** बद्ध्वा चल सत्वरम्?

(iii) चौरस्य पादध्वनिना **क:** प्रबुद्ध:?

(iv) गज: वन्यपशून् तुदन्तं **केन** पोथयित्वा मारयति?

16. (अ) **अन्वय:** —पिता (i) **पुत्राय** बाल्ये महत्। (ii) **विद्याधनूम्** यच्छति। अस्य (iii) **पिता** किं तप: तेपे इति (iv) **उक्ति:** तत्कृतज्ञता।

अथवा

(आ) **भावार्थ:** — अस्य भावोऽस्ति यत् य: मानव: (i) **आत्मन:** कल्याणम् अधिकं च सुखम्। (ii) **इच्छति**, स: कदापि अन्येषां जनानां कृते अकल्याणकरं (iii) **कर्म** न कुर्यात् अपितु सर्वदा (iv) **कल्याणकरम्** कर्म कुर्यात्।

17. (i) 'बहूनि अपत्यानि मे सन्ति' इति सत्यम्।

(ii) तथापि मम अस्मिन् पुत्रे विशिष्ट: स्नेह:।

(iii) यतोहि अयम् अन्येभ्य: दुर्बल:।

(iv) सर्वेषु सन्तानेषु जननी तुल्यवत्सला एव।

(v) तथापि दुर्बले सुते मातु: अधिका कृपा भवति।

(vi) सुरभिवचनं श्रुत्वा इन्द्रस्य हृदयम् अद्रवत्।

(vii) स तामेव असान्त्वयत् 'गच्छ वत्से! सर्वं भद्रं जायेत'।

(viii) अचिरादेव चण्डवातेन मेघरवै: च सह प्रवर्ष: समजायत।

18. (i) (ख) अन्य:

(ii) (घ) भ्रमरा:

(iii) (ख) इन्द्र!

❑❑

उत्तरमाला
प्रतिदर्श प्रश्न–पत्र-9

खण्डः 'क'
अपठितावबोधनम् (10 अङ्काः)

1. (अ) **एकपदेन—**
   (i) उलूकम्
   (ii) वायसः
   (iii) योग्यजनः

(आ) **पूर्णवाक्येन—**
   (i) वायसः उलूकस्य राजपदे प्रतिष्ठापनविषये अवदत् यत्—"यस्य देशस्य राजा एवम् अन्धो भविष्यति तस्य प्रजा अपि तथैव भविष्यति।"
   (ii) लोकतान्त्रिकदेशेषु यथा राष्ट्रप्रमुखः सर्वकारो वा तथा तस्य देशस्य स्थितिः भवति।
   (iii) वायसः यदा उलूकस्य अभिषेककोत्सवः प्रारब्धः तदैव तत्रागच्छत्।

(इ) **शीर्षक**—बुद्धिमान् वायसः/ चतुरः वायसः/ यथा राजा तथा प्रजा अथवा योग्यः राजा।

(ई) **यथानिर्देशम् उत्तरत—**
   (i) (क) वायसः
   (ii) (क) वायसः
   (iii) (क) पुरातनी
   (iv) (क) दिवान्धः

खण्ड : 'ख'
रचनात्मकं कार्यम् (15 अङ्काः)

2. (अ) सेवायाम्

माननीया प्रधानाचार्या

डी.ए.वी. विद्यालयः,

नवदेहली।

विषयः —स्थानान्तरण प्रमाणपत्रं प्राप्तुं प्रार्थनापत्रम्।

महोदये!

सविनयम् निवेदनम् अस्ति यद् अहं भवत्याः विद्यालये दशमकक्षायां पठामि। मम पितुः स्थानान्तरणम् असमप्रदेशस्य गौहाटीनगरे सञ्जातम्। मम सम्पूर्णः परिवारः तत्रैव गत्वा निवासं। करिष्यति। अहम् अपि परिवारेण सह गत्वा तत्रैव पठिष्यामि। अतः अहं प्रार्थये यत् कृपया मह्यं स्थानान्तरणपत्रं प्रदाय अनुगृह्णातु। भवत्याः महती कृपा भविष्यति। धन्यवादः।

भवत्याः आज्ञाकारी शिष्यः

अभिनवः

दशमकक्षास्थः

अनुक्रमाङ्कः - 3

तिथिः 28.02.20xx

अथवा

(आ) ताराचंद छात्रावासः

दरभंगा

तिथिः - 28.02.20xx

पूज्याः पितृमहोदयाः

सादर प्रणामाः।

अत्र कुशलं तत्रास्तु। इदं विज्ञाय भवान् अतिप्रसन्नः भविष्यति यद् गतदिवसे अन्तर्विद्यालयभाषण् प्रतिस्पर्धायां मया प्रथमम् स्थानं लब्धम्। विद्यालस्य शिक्षिकाः शैक्षिकभ्रमणाय छात्रान् हरिद्वारस्थितं पतञ्जलियोगपीठं नेष्यन्ति। अहम् अपि गन्तुम् इच्छामि।

मार्गे व्ययितुं मम् सार्धद्विसहस्त्रम् रूप्यकाणि आवश्यकम्। कृप्या मम हरिद्वारनगरे गन्तुम् अनुमतिं धनञ्च प्रदायं अनुगृहणातु भवती महती कृपा भविष्यति मातृः प्रणामाः कथनीयाः।

भवतः आज्ञाकारी पुत्रः

आदित्यः

3. (अ) (i) इदं चित्रम् एकस्य उपवनस्य दृश्यम् जारू।
   (ii) चित्रे वृक्षाः सन्ति।
   (iii) त्रयः बालाः पादकन्दुकेन क्रीडन्ति।
   (iv) चित्रे आकाशे खगाः कूर्जन्ति।
   (v) इदम् चित्रे वानरः अपि अस्ति।

अथवा

(आ) **"जीवने परिश्रमस्य महत्त्वम्"**
   (i) परिश्रमः जीवनस्य आधारशिला अस्ति।
   (ii) परिश्रमेण विना जीवनं व्यर्थ अस्ति।
   (iii) परिश्रमेण एव मनुष्यः सफलता प्राप्तनीति सुखं च लभते।
   (iv) जीवने सर्वेषु क्षेत्रेषु परिश्रमः अति आवश्यकः भवति।
   (v) परिश्रमेण एव महापुरुषाः कार्याणि सिध्यन्ति।

4. (i) कर्मचारीः स्वकार्यं करोति।
   (ii) रामः मोहनः च क्षेत्रम् अकर्षताम्।
   (iii) अलं आलस्यं त्यक्षामि।
   (iv) ह्यः श्यामः कुत्र आसीत्?
   (v) वयं प्रतिदिनं पठेम।

खण्ड : 'ग'

अनुप्रयुक्त व्याकरणम् (25 अङ्काः)

5. (अ) (i) काचिदियं
(ii) हिमकरः + अपि
(iii) तुरङ्गः + तुरङ्गै
(iv) जगत् + नाथ

अथवा

(आ) (i) तपोरेकः
(ii) तावत् + विभज्य
(iii) अशक्तः + च
(iv) प्रत्येकम्

6. **समास**
(i) (घ) वनराजस्य पदाय
(ii) (ख) प्रजानां सुखे
(iii) (क) कृपार्द्रहृदया
(iv) (ख) व्यवधानेन सहितम्

7. (i) (ख) सहिष्णु + तल्
(ii) (ग) स्थिर + त्व
(iii) (क) बुद्धिमत् + ङीप्
(iv) (क) धर्म + ठक्

8. (i) (ख) त्वम्
(ii) (क) दृश्यते
(iii) (ग) शब्दरूपाणि

9. (i) **सार्ध-अष्टवादने**
(ii) **पादोन-नववादने**
(iii) **सार्ध-नववादने**
(iv) **दश-वादने**

10. (i) भवान् पुस्तकं **कुतः** क्रीतवान्?
(ii) **अधुना** कुत्रापि मा गच्छ।
(iii) अहम् **अपि** तत्र गन्तुम् इच्छामि।

11. (i) (ग) भवान्
(ii) (क) करिष्यसि
(iii) (ख) आसीत्

खण्ड : 'घ'

पठितावबोधनम् (30 अङ्काः)

12. (i) **एकपदेन उत्तरत—**
(क) बंकिमचन्द्रः
(ख) निर्दोषम्
(ग) न्यायालये

(ii) **पूर्णवाक्येन उत्तरत—**
(क) न्यायाधीशः आरक्षिणम् अभियुक्तं च तं शवं न्यायालये आनेतुमादिष्टवान्।
(ख) तत्रत्यः कर्मचारी न्यवेदयत् यत् इतः क्रोश द्वयान्तराले कश्चिज्जनः केनापि हतः।
(ग) न्यायाधीशः प्रमाणाभवात् निर्णेतु नाशक्नोत्।

(iii) **निदेशानुसारम् उत्तरत—**
(अ) (क) सः
(ख) देहम्

अथवा

(आ) (क) निकषा
(ख) बंकिमचन्द्रः

13. (i) **एकपदेन उत्तरत—**
(क) प्रभूतानि
(ख) परेभ्यः
(ग) अहितं

(ii) **पूर्णवाक्येन उत्तरत—**
(क) आत्मनः श्रेयः इच्छान् नरः अहितम् कर्म न कुर्यात्।
(ख) यः आत्मनः श्रेयः प्रभूतानि सुखानि च इच्छति सः परेभ्यः अहितं कर्म न कुर्यात्।
(ग) परोपकारेण आत्मनः श्रेयः भवति।

(iii) **निर्देशानुसारम् उत्तरत—**
(अ) (क) इच्छति
(ख) श्रेयः

अथवा

(आ) (क) अहितं
(ख) परेभ्यः

14. (i) **एकपदेन उत्तरत—**
(क) व्याघ्रचित्रकौ
(ख) सिंहः
(ग) वनराजपदाय

(ii) **पूर्णवाक्येन उत्तरत—**
(क) वन्यजीवाः भक्षकं रक्षकपदयोग्यं न मन्यते।
(ख) अधुना तु कोऽपि पक्षी एव राजेति निश्चेव्यम्।
(ग) सर्वे पक्षिणः 'आम् आम्-कश्चित खगः एव वनराजः भविष्यति' इति कथयन्ति।

(iii) **निर्देशानुसार उत्तरत—**
(अ) (क) व्याघ्रचित्रकौ
(ख) सर्वे
(आ) (क) रक्षकौ
(ख) विवादम्

15. (i) **किम्** सदा वक्रं भ्रमति?
(ii) सा **कया** बद्ध्वा भयाद् विमुक्ता?
(iii) **कः** सवाष्पम् अवलोकयति?
(iv) करुणापरो गृही **कस्मै** आश्रयं प्रायच्छत्?

16. (अ) **अन्वयः** —रे रे मित्र चातकः (i) **सवाधानमनसा** क्षणं श्रूयताम्। गगने हि बहवः। (ii) **अम्भोदाः** सन्ति। सर्वे अपि एतादृशाः न (सन्ति)। केचिद् वृष्टिभिः। (iii) **वसुधाम्** आर्द्रयन्ति केचिद् वृथा गर्जन्ति, (त्वम्) यं यं पश्यसि तस्य तस्य पुरतः दीनं। (iv) **वचः** मा ब्रूहि।

अथवा

(आ) भावार्थः — अस्य भावः अस्ति यत् अस्मिन् संसारे (i) **बुद्धिमन्तः** एव (ii) **नेत्रवन्तः** मन्यते यतोहि ते ज्ञानवन्तः भवन्ति ज्ञानं च मनुष्यस्य वास्तविकं (iii) **चक्षुः** अस्ति। अन्येषां जनानां (iv) **मुखे** ये नेत्रे भवतः ते तु चक्षुर्नामनी भवतः। ज्ञान विना त अन्ध इव भवन्ति।

17. (i) बुद्धिमती पुत्रद्वयेन उपेता पितुर्गुहं प्रति चलिता।

(ii) मार्गे सा एकं व्याघ्रम् अपश्यत्।

(iii) व्याघ्रं दृष्टवा सा पुत्रौ ताडयन्ती उवाच-अधुना एकमेव व्याघ्रः विभज्य भुज्यताम्।

(iv) व्याघ्रः व्याघ्रमारी इयमिति मत्वा पलायितः।

(v) जम्बुककृतोत्साहः व्याघ्रः पुनः काननम् आगच्छत्।

(vi) प्रत्युपन्नमतिः सा शृगालम् आक्षिपन्ती उवाच।

(vii) 'त्वं व्याघ्रत्रयम् आनेतुं प्रतिज्ञाय एकमेव आनीतवान्'।

(viii) गलबद्ध शृगालकः व्याघ्रः पुनः पलायितः।

18. (i) **(क)** पाषाणः।

(ii) **(क)** सूर्यः।

(iii) **(ख)** अग्निः।

❑❑

उत्तरमाला
प्रतिदर्श प्रश्न–पत्र-10

खण्डः 'क'
अपठितावबोधनम् (10 अङ्काः)

1. (अ) **एकपदेन–**
   (i) अस्माकं शरीरम्/शरीरम्
   (ii) योगः
   (iii) प्राणायामस्य

(आ) **पूर्णवाक्येन–**
   (i) स्वास्थ्य-रक्षणाय योगः अति लाभकर इतिः सर्वे जानन्ति।
   (ii) वयं सर्वदा शरीरेण स्वस्थाः भवेम। यतः स्वस्थशरीरे एव स्वस्थ-मस्तिष्कस्य निवासः भवति।
   (iii) सम्यग् व्यायामेन रुधिरस्य सम्यक् सञ्चारो जायते तेन च सर्वाणि इन्द्रियाणि स्वस्थाने तिष्ठन्ति।

(इ) योगस्य महत्त्वम्

(ई) **यथानिर्देशम् उत्तरत–**
   (i) (घ) वयम्
   (ii) (क) इन्द्रियाणि
   (iii) (ख) वर्तते

खण्ड : 'ख'
रचनात्मकं कार्यम् (15 अङ्काः)

2. (अ)

221, शिवपुरी,
मोदीनगरम्

प्रिये भगिनि!

नमस्ते।

गतसप्ताहे मम विद्यालये एका महत्वपूर्णा गोष्ठी अभवत्। तत्र नगरेषु वर्धमानं प्रदूषणं दृष्ट्वा पर्यावरणस्य रक्षणाय उपायानां विषये चर्चा अभवत् यत् मार्गेषु इतस्ततः अवकरः न क्षेपणीयः। नदीलजस्य समये-समये शुद्धि करणीया। मार्गेषु, उद्यानेषु विद्यालयेषु च अधिकाधिकं वृक्षाः आरोपणीयाः। ध्वनिप्रदूषणं निवारयितुं ध्वनिप्रसारणयन्त्राणां न्यूनतमः प्रयोगः करणीयः। अस्मिन् विषये स्वविचारान् लिखित्वा प्रेषयतु भवती। गृहे सर्वेभ्यः मम प्रणामाः निवेदनीयाः।

भवत्याः अनुजा

नन्दिनी

अथवा

(आ)

दिनाङ्कः – 28.02.20xx
10/15 हिरण्यनगरी
उदयपुरतः

प्रिय सुहृद चन्द्रेश!

शुभं भवतु।

निवेदनम् इदमस्ति यत् अत्र सर्वं कुशलं वर्तते भवतः कुशलताम् इच्छामि। मित्रवर! इदम् उदयपुरनगरम् अतीव सौन्दर्य-युक्तं वर्तते। इदं नगरं महाराणा-उदयसिंह-राजाधिराजेंन स्थापितम् आसीत्। इदं प्रतीयते यत् एतत् नगरं धरायाः स्वर्गम् अस्ति। इदं सरोवराणां नगरमपि कथ्यते। यतः अत्र अनेके सरोवराः सन्ति। अनेन अत्र ग्रीष्मस्य अनुभवः अपि न भवति। निकटे एव महाराणा-प्रताप-महाभागानां स्मरणं कारयन्ती। हल्दीघाटी अपि वर्तते। अत्र भूमिः रक्तवर्णा अस्ति। समीपे वैष्णव सम्प्रदायस्य प्रसिद्धं तीर्थम् नाथद्वारा अपि अस्ति। यत्र जनाः अहर्निशं तीर्थयात्रां कर्तुम् आगच्छन्ति। एकलिङ्ग-महादेवस्य देवालयः आर्य समाजस्य प्रवर्तकस्य महर्षि दयानन्दस्य संस्मरणं कारयति। यत्र महर्षि दयानन्दः सत्यार्थप्रकाश-महाग्रन्थं रचितवान्। मित्र! मम अतीव अभिलाषा वर्तते यत् भवान् अवश्यमेव अस्य नगरस्य दर्शनार्थम् अत्र शीघ्रम् आगच्छेत्। अहं त्वां समस्ते क्षेत्रे नेष्यामि। शीघ्रं स्वागमन्सय सूचनां यच्छतु भवान्

भवदीयं मित्रम्

3. (अ) (i) अस्मिन चित्रे आश्रमस्य दृश्यम अस्ति।
   (ii) इदम चित्रे अकाशे सूर्यः उदेति।
   (iii) चित्रे एकः मुनिः लेखनं कार्यं करोति।
   (iv) अस्मिन् चित्रे वृक्षाः सन्ति।
   (v) चित्रे मृगौ अपि स्तः/दृश्येते।

अथवा

(आ) **"प्रातः भ्रमणम्"**
   (i) प्रातः भ्रमणस्य शरीरः स्वस्थं निरोगः च भवति।
   (ii) प्रातः भ्रमणस्य जीवनाय अति महत्वपूर्णं भवति।
   (iii) प्रातः भ्रमणेन जनाः सदैव प्रसन्नाः भवन्ति।
   (iv) प्रातः भ्रमणस्य मया नदी पुष्पाणि अपि दृशयन्ते।

4. (i) अहं एकाम् कथां अपठम्
   (ii) वानराः इतस्ततः धावन्ति
   (iii) भवतः कार्यः उत्तमः अस्ति।
   (iv) भो मित्रे! सदैव सत्यं वदति

खण्ड : 'ग'

अनुप्रयुक्त व्याकरणम् (25 अङ्काः)

5. संधि

(अ) (i) प्रथमोऽधर्मः
(ii) कः + चन
(iii) कुर्यादिदानीं
(iv) पौ + अकः

अथवा

(आ) (i) सृष्टिः + एषा
(ii) स्यात् + नरपतिः
(iii) कृतोपकारः
(iv) शिरः + छेद

6. समास

(i) (घ) भयेन आकुलं चित्तं यस्यः स
(ii) (ख) वचन वचनम् इति
(iii) (क) कुशः च लवः च
(iv) (क) पुत्रदैन्यम्

7. प्रत्यय

(i) (ग) रमणीय + टाप्
(ii) (ख) वार्षिकी
(iii) (ख) शीतलत्वम्
(iv) (क) तपस्विन् + ङीप्

8. वाच्य

(i) (क) आम्रफलम्
(ii) (ख) तया
(iii) (ग) पच्यते

9. घटिका

(i) **नववादने**
(ii) **सपाद नववादने**
(iii) **सार्ध नववादने**
(iv) **पादोन दशवादने**

10. (i) श्वः
(ii) अद्य
(iii) तर्हि

11. (i) (ग) पठन्ति
(ii) (ख) आम्राणि
(iii) (क) सखीम्

खण्ड : 'घ'

पठितावबोधनम् (30 अङ्काः)

12. (i) **एकपदेन उत्तरत—**
(क) बंकिमचन्द्रः
(ख) निर्दोषम्
(ग) प्रमाणाभावात्

(ii) **पूर्णवाक्येन उत्तरत—**
(क) न्यायाधीशः तौ अग्रिमे दिने उपस्थातुम् आदिष्टवान।

अथवा

न्यायाधीशः आरक्षिणम् अभियुक्तं च तं शवं न्यायालये आनेतुमादिष्टवान्
(ख) कर्मचारी समागत्य न्यवेदयत् यत् इतः कोशद्वयान्तराले कश्चिज्जनः केनापि हतः तस्य मृत शरीरं च राजमार्गम् निकषा वर्तते। आदिश्यतां किं करणीयमिति।
(ग) न्यायाधीशः प्रमाणाभवात् निर्णेतुं नाशक्नोत्।

(iii) **निदेशानुसारम् उत्तरत—**
(अ) (क) कर्मचारी
(ख) दिने

अथवा

(आ) (क) दिने
(ख) निकषा

13. (i) **एकपदेन उत्तरत—**
(क) गुणी
(ख) निर्गुणः
(ग) मूषकः

(ii) **पूर्णवाक्येन उत्तरत—**
(क) पिकः वसन्तस्य गुणं जानाति वायसः च वसन्तस्य गुणं न जानाति।
(ख) करी सिंहस्य बलं जानाति।
(ग) बली बलस्य गुणं जानाति निर्बलः च न जानाति।

(iii) **भाषिक कार्यं—**
(अ) (क) वेत्ति
(ख) गुणी

अथवा

(आ) (क) बली
(ख) बली

14. (i) **एकपदेन उत्तरत—**
(क) प्रवासः
(ख) तपोवनवासिनः
(ग) वधूः

(ii) **पूर्णवाक्येन उत्तरत—**
(क) 'राजन्! उपाध्यायदूतोऽस्मान् त्वरयति' इति उभौ वदतः।
(ख) श्रीरामस्य कुमारयोः च कुटुम्बवृत्तान्तः सर्वथा समरूपः आसीत्।
(ग) विदूषकः तयोः जनन्याः नाम पृच्छति।

(iii) **भाषिक कार्यं—**
(अ) (क) जननी
(ख) आज्ञापयतु
(आ) (क) इयति
(ख) मन्युगभैः

15. (i) के
(ii) कासाम्

(iii) कस्मात्

(iv) के

16. (अ) (i) नीतिम्

(ii) समालम्ब्य

(iii) अपि

(iv) लीलया

अथवा

(आ) (i) काकस्य

(ii) कृष्ण:

(iii) वसन्तस्य

(iv) काक:

17. (i) एक: कृषक: आसीत्।

(ii) तस्य समीपे द्वौ बलीवर्दौ आस्ताम्।

(iii) तयो: बलीवर्दयो: एक: शरीरेण दुर्बल: आसीत्।

(iv) स: जवेन गन्तुम् अशक्त: च आसीत्।

(v) कृषक: तं दुर्बलं वृषभं तोदनेन अवर्तत।

(vi) स: ऋषभ: हलमूढ्वा गन्तुम् अशक्त: क्षेत्रे पपात।

(vii) कृषीवल: क्रुद्ध: अभवत्।

(viii) तमुत्थापयितुम् बहुवारं यत्नमकरोत् तथापि स: नोत्थित:।

18. (i) **(क)** मुखे।

(ii) **(ख)** योगी।

(iii) **(क)** मुखे।

❑❑

WRITING YOUR NOTES

Just in case you have forgotten today, take down your notes!
But why is it so important?

Tools for the hands are tools for the brain writes Hetty Roessingh.
Handwritten notes are a powerful tool for encrypting embodied cognition and in turn supporting the brain's capacity for recuperation of information. If that sounds so scientific then in simple words: Writing notes by hand help you in:

◆ Increasing your comprehension ◆ Strengthening your memory ◆ Igniting your creativity
◆ Engaging your mind ◆ Increasing your attention span

Are these reasons enough to get you started?

1. ....
2. ....
3. ....
4. ....
5. ....
6. ....
7. ....
8. ....
9. ....
10. ....
11. ....
12. ....
13. ....
14. ....
15. ....
16. ....
17. ....
18. ....
19. ....
20. ....